# 逻辑思维训练 500 题

## 发散思维篇

于雷 ◎ 编著

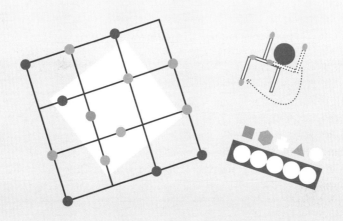

清华大学出版社
北京

## 内 容 简 介

青少年的健康成长不仅需要机智、灵活的头脑，更需要创新能力和应变思维能力，尤其是现在社会竞争越来越激烈，可以毫不避讳地说，按部就班、一成不变的人，绝大多数最终只能平庸。法国杰出作家司汤达说过："天才往往具有超人的性格，绝不遵循常人的思想和途径。"本书汇集了 500 个发散思维游戏，对激发我们的大脑活力、开阔思维、突破思维的束缚非常有效，它还能让孩子在这些小游戏中开发自己的大脑潜能，使自己变得更聪明，能够在紧急时刻，随机应变，在学习中游刃有余。

本书的适读人群包括：广大青少年，尤其是对数理化感兴趣的孩子；想要改变思维方式，提高逻辑思维能力的年轻人；其他对逻辑与数学感兴趣，渴望给头脑充电的人群。

本书封面贴有清华大学出版社防伪标签，无标签者不得销售。
版权所有，侵权必究。举报：010-62782989，beiqinquan@tup.tsinghua.edu.cn。

图书在版编目(CIP)数据

逻辑思维训练 500 题. 发散思维篇/于雷编著. —北京：清华大学出版社，2024.1
ISBN 978-7-302-65031-7

Ⅰ．①逻… Ⅱ．①于… Ⅲ．①逻辑思维—思维训练 Ⅳ．①B80

中国国家版本馆 CIP 数据核字(2024)第 000781 号

责任编辑：张　瑜
装帧设计：杨玉兰
责任校对：李玉茹
责任印制：宋　林

出版发行：清华大学出版社
　　　　网　　址：https://www.tup.com.cn, https://www.wqxuetang.com
　　　　地　　址：北京清华大学学研大厦 A 座　　邮　　编：100084
　　　　社 总 机：010-83470000　　　　　　　　邮　　购：010-62786544
　　　　投稿与读者服务：010-62776969, c-service@tup.tsinghua.edu.cn
　　　　质量反馈：010-62772015, zhiliang@tup.tsinghua.edu.cn
印 装 者：天津鑫丰华印务有限公司
经　　销：全国新华书店
开　　本：170mm×240mm　　印　张：14.75　　字　数：280 千字
版　　次：2024 年 2 月第 1 版　　印　次：2024 年 2 月第 1 次印刷
定　　价：59.80 元

产品编号：102562-01

# 前言

面对危险,司马光沉着冷静地砸破水缸,救出了掉进缸里的小伙伴;虽然实力不济,但孙膑只是调整了几匹马的出场顺序,就帮助田忌轻松地赢得了比赛;突破常规,哥伦布让光滑的鸡蛋也可以立在桌子上……

古今中外,流传着许多令人赞叹不已、拍案叫绝的机智创意故事。这些故事的主人公用巧妙而出人意料的应对之词、应变之策,让人们在心生敬佩之余,获得更多的智慧启迪。

那么,什么是智慧呢?

神机妙算是智慧,能言善辩是智慧,明察秋毫是智慧,大智若愚是智慧,急中生智也是智慧。在我们的生活中,难免要面对形形色色的难题和困境,这往往需要我们开动脑筋,运用智慧,才能想出对策,找出答案。大到政治、外交、战争,小到日常生活中的琐事,智慧的运用无处不在。

面对突发事件,我们往往需要运用发散思维,从多个角度出发去思考、去创新,急中生智、沉着应变方能解决问题。有时候,只凭我们自己的智慧远远不够,还要借用他人的智慧,只要我们善于学习、善于积累,智慧就会永远陪伴在我们左右。

本书汇集了500个发散思维游戏,这些丰富多彩的小故事纵横古今,包罗万象,蕴含着文化的力量,潜藏着深刻的寓意,闪烁着智慧的光芒。每个故事的后面都提出了一个小问题要我们来解答,以此引导大家充分思考,深化认识。

看到书中的这些充满睿智的故事,我们总是会心一笑,或是恍然大悟,或是点头称赞,或是由衷敬佩。让我们在这些机智勇敢的主人公的带领下,一起来感受机智与勇敢的力量。

我们还需要反问自己:我也能拥有过人的智慧吗?这个问题的答案不在故事之中,而在故事之外……

愿同学们在轻松的阅读旅程中,收获快乐,接受启迪,让健康的心智得到充分的滋养。

别人的聪明言行不是用来传颂的,我们应该把他们的故事当作一把钥匙,以开启我们心中的智慧之门。

编　者

# 目录

## 第一章　灵机一动 ..................1

1. 刁钻的顾客 ..................2
2. 聪明的阿凡提 ..................2
3. 对称不对称 ..................2
4. 看电影 ..................3
5. 罪犯分汤 ..................3
6. 猎人的朋友 ..................3
7. 走独木桥 ..................4
8. 五元还是十元 ..................4
9. 切割金链 ..................4
10. 田忌赛马 ..................5
11. 孙膑与庞涓吃饼 ..................5
12. 应得的工资 ..................6
13. 烧香时间 ..................6
14. 焚香计时 ..................6
15. 裁缝的招牌 ..................7
16. 巧过独木桥 ..................7
17. 相同的试卷 ..................7
18. 机灵的小孩 ..................7
19. 排列十字形 ..................7
20. 读书时间 ..................8
21. 火柴公式 ..................8
22. 贪吃的兔子 ..................8
23. 旅程速度 ..................8
24. 兄弟年龄 ..................8
25. 大钟和闹钟 ..................8
26. 方形游泳池 ..................9
27. 重组地毯 ..................9
28. 英国人的幽默 ..................10
29. 考试及格 ..................11
30. 面积 ..................11
31. 首因效应 ..................12
32. 热气球过载 ..................12
33. 马驴运货 ..................12
34. 究竟出了什么问题 ..................13
35. 地毯上的飞机 ..................13
36. 于谦的智慧 ..................14
37. 地球和太阳 ..................14
38. 分工钱 ..................14
39. 让人意外的常识 ..................15
40. 睡觉的问题 ..................15
41. 偶数路径 ..................15
42. 镜子反射的影像 ..................16
43. 点与直线 ..................16
44. 六人过河 ..................16
45. 动物过河 ..................16
46. 楚庄王的智谋 ..................17
47. 父母和孩子 ..................17
48. 两人过河 ..................17
49. 吝啬鬼请客 ..................18
50. 预言 ..................18
51. 奸商 ..................18
52. 错在哪里 ..................18
53. 遗传性不孕症 ..................19
54. 修电灯 ..................19
55. 旅店的房费 ..................19
56. 逻辑错误 ..................19

## 第二章　奇思妙想 ..................21

57. 穿反的毛衣 ..................22
58. 神枪手钓鱼 ..................22
59. 沙漏计时 ..................22
60. 冰封的航行 ..................22

61. 体操员的号码 .................................. 22
62. 判断开关 ........................................ 22
63. 盒子中的水 .................................... 23
64. 巧辨兄弟 ........................................ 23
65. 角度的变化 .................................... 23
66. 巧选步行与乘车 ............................ 23
67. 瓶中的小虫 .................................... 24
68. 蜗牛爬树 ........................................ 24
69. 兔妈妈的孩子 ................................ 24
70. 菠萝肉和菠萝皮 ............................ 24
71. 猜数字 ............................................ 25
72. 奇怪的钟 ........................................ 25
73. 接满雨水的时间 ............................ 25
74. 滚动的圆木 .................................... 26
75. 谁先到达 ........................................ 26
76. 班委竞选 ........................................ 26
77. 快速煎饼时间 ................................ 26
78. 赚了还是赔了 ................................ 27
79. 出生年份 ........................................ 27
80. 数列 ................................................ 27
81. 宾馆的房门号码 ............................ 27
82. 赌局的胜率 .................................... 27
83. 水和冰 ............................................ 28
84. 师母的出生日期 ............................ 28
85. 魔术师和儿子的年龄 .................... 28
86. 男女比例 ........................................ 28
87. 火中逃生 ........................................ 28
88. 药品的规格 .................................... 29
89. 四棵大树 ........................................ 30
90. 取得证据 ........................................ 30
91. 一语双关 ........................................ 31
92. 聚餐 ................................................ 31
93. 巧分桶装酒 .................................... 31
94. 赊玉米 ............................................ 32
95. 巧摆棋子 ........................................ 32
96. 奇妙的数字 .................................... 32

97. 子弹的速度 .................................... 32
98. 大球中的小球 ................................ 32
99. 丢失的螺丝 .................................... 33
100. 十一变六 ...................................... 33
101. 调时钟 .......................................... 33
102. 从长方形到正方形 ...................... 33
103. 正面与反面 .................................. 34
104. 公交车相遇 .................................. 34
105. 需要买多少 .................................. 34
106. 铺轮胎 .......................................... 35
107. 再次相遇 ...................................... 35
108. 金属棒上的图书馆 ...................... 35
109. 谁更有利 ...................................... 36
110. 巧放棋子 ...................................... 36
111. 沙漏的悖论 .................................. 36
112. 环球旅行 ...................................... 36
113. 切西瓜 .......................................... 37
114. 魔术 .............................................. 37
115. 难题 .............................................. 37
116. 桥的承受能力 .............................. 37
117. 盒子与锁 ...................................... 38

## 第三章 突破常规 .................................. 39

118. 卖糖果 .......................................... 40
119. 标准时间 ...................................... 40
120. 关税 .............................................. 41
121. 吹牛 .............................................. 41
122. 聪明的孩子 .................................. 42
123. 数字间的关系 .............................. 42
124. 错乱的号牌 .................................. 42
125. 聪明的聋哑人 .............................. 42
126. 唐朝人的计谋 .............................. 43
127. 裁员还是减薪 .............................. 43
128. 排队买麻花 .................................. 43
129. 聪明的弟子 .................................. 44
130. 奇怪的比赛 .................................. 44

| | |
|---|---|
| 131. 相等的两块蛋糕 ... 45 | 167. 划割路线 ... 58 |
| 132. 测量任务 ... 45 | 168. 改变方向 ... 59 |
| 133. 单价 ... 45 | 169. 酒杯与球 ... 59 |
| 134. 组织踢球 ... 46 | 170. 9 根火柴 ... 60 |
| 135. 逃避关税 ... 46 | 171. 土地面积 ... 60 |
| 136. 流放犯人 ... 47 | 172. 小明过河 ... 61 |
| 137. 如何选择 ... 47 | 173. 休闲服和工作服 ... 61 |
| 138. 老人与小孩 ... 47 | 174. 新同学 ... 61 |
| 139. 思维误区 ... 48 | 175. 报纸 ... 61 |
| 140. 如何暂时减薪 ... 48 | 176. 五个齿轮 ... 62 |
| 141. 语言的力量 ... 48 | 177. 切去四角 ... 62 |
| 142. 最聪明的小偷 ... 49 | 178. 鸡的重量 ... 62 |
| 143. 钢琴辅导 ... 49 | 179. 是不是平手 ... 63 |
| 144. 摆火柴 ... 49 | 180. 正前方游戏 ... 63 |
| 145. 字母数列 ... 49 | 181. 四兄弟分家 ... 63 |
| 146. 去世年龄 ... 50 | 182. 五色药丸 ... 64 |
| 147. 上八层 ... 50 | 183. 什么关系 ... 64 |
| 148. 新款服装 ... 50 | 184. 奇怪的打架 ... 64 |
| 149. 两只蜗牛 ... 51 | 185. 吹牛 ... 64 |
| 150. 赛跑比赛 ... 51 | 186. 打麻将 ... 65 |
| 151. 餐费 ... 51 | 187. 双胞胎 ... 65 |
| 152. 灯的编号 ... 51 | 188. 戏弄秀才 ... 65 |
| 153. 希腊老师的辩术 ... 51 | |
| 154. 打棒球的男孩 ... 52 | **第四章 机智幽默** ... 67 |
| 155. 聪明的禅师 ... 52 | 189. 奇怪的举动 ... 68 |
| 156. 法官的妙计 ... 53 | 190. 吹牛的将军 ... 68 |
| 157. 对画的评价 ... 54 | 191. 潮涨潮落 ... 68 |
| 158. 抓住机会 ... 54 | 192. 转硬币 ... 68 |
| 159. 一百元 ... 54 | 193. 不低头的阿凡提 ... 69 |
| 160. 如何表达 ... 55 | 194. 邮箱钥匙 ... 69 |
| 161. 测量金字塔 ... 55 | 195. 新建的地铁 ... 70 |
| 162. 标点符号 ... 56 | 196. 买镜子 ... 70 |
| 163. 割草的男孩 ... 56 | 197. 倒水 ... 70 |
| 164. 两家小店 ... 57 | 198. 数字时钟 ... 70 |
| 165. 怎样把水烧开 ... 57 | 199. 平分油 ... 70 |
| 166. 房间路线 ... 58 | 200. 调钟 ... 70 |

| | | | | |
|---|---|---|---|---|
| 201. 聚会的日期 | 71 | 237. 蚂蚁和蜘蛛 | 82 |
| 202. 聪明的长工 | 71 | 238. 回敬 | 82 |
| 203. 借据回来了 | 71 | 239. 岳父的刁难 | 82 |
| 204. 倒硫酸 | 71 | 240. 擦皮鞋 | 83 |
| 205. 国王的难题 | 72 | 241. 反驳 | 83 |
| 206. 怎样取胜 | 72 | 242. 哲学家的智慧 | 83 |
| 207. 盲人分衣服 | 72 | 243. 骑不到的地方 | 83 |
| 208. 牙医 | 72 | 244. 反问 | 83 |
| 209. 挑选建筑师 | 72 | 245. 乌戴将军的幽默 | 83 |
| 210. 奇怪的时间 | 72 | 246. 报复 | 84 |
| 211. 体重 | 73 | 247. 大名鼎鼎 | 84 |
| 212. 比萨斜塔 | 73 | 248. 灵机一动的回答 | 84 |
| 213. 捆绑思维 | 73 | 249. 弹琴 | 84 |
| 214. 不可思议的答案 | 74 | 250. 染布 | 84 |
| 215. 禁止通行 | 74 | 251. 学费之讼 | 85 |
| 216. 通过桥梁 | 75 | 252. 苏格拉底悖论 | 85 |
| 217. 谁在谁前面 | 75 | 253. 全能者悖论 | 86 |
| 218. 商品中的发散思维 | 76 | 254. 谷堆悖论 | 86 |
| 219. 机智的老板 | 76 | 255. 罗素是教皇 | 86 |
| 220. 判决 | 76 | 256. 奇怪的悖论 | 86 |
| 221. 松赞干布和文成公主(1) | 76 | 257. 飞矢不动 | 86 |
| 222. 松赞干布和文成公主(2) | 77 | 258. 白马非马 | 87 |
| 223. 颠倒是非 | 77 | **第五章 巧猜智解** | **89** |
| 224. 灯泡的容积 | 77 | 259. 装睡技巧 | 90 |
| 225. 最简单的方法往往最有效 | 78 | 260. 盲人买袜子 | 90 |
| 226. 罗浮宫失火 | 78 | 261. 巧开资料箱 | 91 |
| 227. 圣经 | 78 | 262. 借锄头 | 91 |
| 228. 被小孩子问倒了 | 78 | 263. 解救女儿 | 91 |
| 229. 我被骗了吗 | 79 | 264. 逃避劳动 | 92 |
| 230. 我有撒谎吗 | 80 | 265. 7 个苹果 | 92 |
| 231. 打破预言 | 80 | 266. 分配消毒手套 | 92 |
| 232. 判断材质 | 80 | 267. 三角形的面积 | 93 |
| 233. 八个三角形 | 80 | 268. 分辨男女 | 93 |
| 234. 买到假货 | 81 | 269. 巧分座位 | 94 |
| 235. 如何拍照 | 81 | 270. 真假分不清 | 94 |
| 236. 不会游泳 | 81 | | |

| | |
|---|---|
| 271. 逃离食人族 | 94 |
| 272. 啤酒瓶的容积 | 95 |
| 273. 聪明程度 | 95 |
| 274. 巧移棋子 | 95 |
| 275. 相互提问 | 96 |
| 276. 老虎来临 | 96 |
| 277. 偷换概念 | 96 |
| 278. 大小正方形 | 97 |
| 279. 蜘蛛的爬行路线 | 97 |
| 280. 分割数字 | 97 |
| 281. 分配零食 | 97 |
| 282. 关卡征税 | 98 |
| 283. 聪明的匪徒 | 98 |
| 284. 调整水位 | 99 |
| 285. 火柴文字 | 99 |
| 286. 种金子 | 99 |
| 287. 假药 | 100 |
| 288. 幽默的钢琴家 | 100 |
| 289. 贪吃 | 100 |
| 290. 巧解尴尬 | 100 |
| 291. 死里逃生 | 100 |
| 292. 巧做应答 | 101 |
| 293. 推销作品 | 101 |
| 294. 保守秘密 | 101 |
| 295. 弥勒佛 | 101 |
| 296. 善意的批评 | 101 |
| 297. 不咬人 | 102 |
| 298. 演讲 | 102 |
| 299. 巴尔扎克的幽默 | 102 |
| 300. 讲故事 | 102 |
| 301. 化解尴尬 | 102 |
| 302. 纪晓岚应答 | 103 |
| 303. 无法入睡 | 103 |
| 304. 移走巨石 | 103 |
| 305. 傲慢的夫人 | 103 |
| 306. 让路 | 103 |
| 307. 理发师悖论 | 103 |
| 308. 发家致富 | 104 |
| 309. 这个字读什么？ | 104 |
| 310. 马克·吐温的道歉 | 104 |
| 311. 以其人之道，还治其人之身 | 104 |

## 第六章 随机应变 …… 107

| | |
|---|---|
| 312. 汉诺塔问题 | 108 |
| 313. 布袋里的粮食 | 108 |
| 314. 赛跑问题 | 108 |
| 315. 买烟 | 108 |
| 316. 聪明的男孩 | 108 |
| 317. 牙膏 | 109 |
| 318. 两根金属棒 | 109 |
| 319. 滚球游戏 | 109 |
| 320. 欧洲篮球锦标赛 | 110 |
| 321. 能承受的重量 | 110 |
| 322. 猫的作战路线 | 110 |
| 323. 迅速答题 | 111 |
| 324. 舀酒 | 111 |
| 325. 桶测油体积 | 112 |
| 326. 打折的醋 | 112 |
| 327. 两桶白酒 | 112 |
| 328. 分饮料 | 112 |
| 329. 商人卖酒 | 112 |
| 330. 池塘取水 | 113 |
| 331. 平分24斤油 | 113 |
| 332. 运动会奖杯 | 113 |
| 333. 天平巧称重 | 113 |
| 334. 快速作答 | 114 |
| 335. 天使与魔鬼 | 114 |
| 336. 家人的年纪 | 114 |
| 337. 称药粉 | 114 |
| 338. 手中的火柴棒 | 115 |
| 339. yes or no | 115 |
| 340. 字母颜色 | 115 |

- 341. 钱去哪了 ... 115
- 342. 找出错误 ... 116
- 343. 变幻莫测的体重 ... 116
- 344. 婚姻问题 ... 116
- 345. 赢家 ... 116
- 346. 汇率空子 ... 116
- 347. 将兵游戏 ... 116
- 348. 气压计的故事 ... 117
- 349. 聪明的老人 ... 118
- 350. 后生可畏 ... 118
- 351. 卖梳子 ... 118
- 352. 教子 ... 119
- 353. 校长的门 ... 119
- 354. 习惯标准 ... 119
- 355. 一件旧上衣 ... 119
- 356. 一休晒经 ... 120
- 357. 谁比谁聪明 ... 120
- 358. 灵机一动 ... 121
- 359. 特殊符号 ... 121
- 360. 学问与钱 ... 122
- 361. 两个导游 ... 122
- 362. 司机的考试 ... 122
- 363. 没有写错 ... 122
- 364. 你有什么了不起的 ... 122
- 365. 狡诈的县官 ... 123
- 366. 天机不可泄露 ... 123
- 367. 阿凡提的故事 ... 123
- 368. 反驳 ... 124
- 369. 酒瓶 ... 124
- 370. 财主赴宴 ... 124
- 371. 血亲 ... 125
- 372. 年龄的问题 ... 125
- 373. 遵照遗嘱 ... 125
- 374. 化解尴尬 ... 126
- 375. 阿凡提骗国王 ... 126
- 376. 买不起 ... 126
- 377. 钻石窃贼 ... 126
- 378. 不准的天平 ... 127
- 379. 拉绳子 ... 127
- 380. 换牌逻辑 ... 127
- 381. 兄弟俩 ... 128

## 第七章 另类思考 ... 129

- 382. 断裂的绳子 ... 130
- 383. 硬币的正反面 ... 130
- 384. 聪明的仆人 ... 130
- 385. 有力的理由 ... 130
- 386. 三个指针 ... 131
- 387. 父在母先亡 ... 131
- 388. 禁止吸烟 ... 131
- 389. 立等可取 ... 131
- 390. 负债累累 ... 132
- 391. 什么情况下成立 ... 132
- 392. 带着量角器走路 ... 132
- 393. 谁有优势 ... 133
- 394. 最后朝哪个方向 ... 133
- 395. 巧画正方形 ... 133
- 396. 你能这样折吗 ... 133
- 397. 能否避开子弹 ... 134
- 398. 炮弹下落的地方 ... 134
- 399. 硬币中间的孔 ... 134
- 400. 做清洁的机器人 ... 134
- 401. 问题闹钟 ... 135
- 402. 谁更爱父亲 ... 135
- 403. 巧摆竹筷 ... 135
- 404. 厕所的清洁和厨房的清洁哪个更重要 ... 135
- 405. 小孩与狗熊 ... 136
- 406. 船上的货物 ... 136
- 407. 同一面的概率 ... 137
- 408. 剪纸 ... 137
- 409. 庙宇的算命先生 ... 138

- 410. 围棋图形 ..................138
- 411. 8 根铁丝 ..................138
- 412. 移动球 ..................139
- 413. 纠结的妈妈 ..................139
- 414. 探险家的位置 ..................139
- 415. 砍角问题 ..................139
- 416. 沙漏计时间 ..................139
- 417. 约会 ..................140
- 418. 统筹安排 ..................140
- 419. 书虫啃书 ..................140
- 420. 长颈鹿吃树叶 ..................140
- 421. 爷爷到底有几个孩子 ..................141
- 422. 纪晓岚的计谋 ..................141
- 423. 立鸡蛋 ..................142
- 424. 水果的分量 ..................142
- 425. 逻辑顺序 ..................143
- 426. 今天是星期几 ..................143
- 427. 糊涂账 ..................143
- 428. 免费的午餐 ..................143
- 429. 扑克牌的顺序 ..................144
- 430. 号码 ..................145
- 431. 电话号码 ..................145
- 432. 考试分数 ..................145
- 433. 抽顺子 ..................145
- 434. 分枣 ..................146
- 435. 每种家禽有多少只 ..................146
- 436. 公交车数 ..................146
- 437. 小明的烦恼 ..................146
- 438. 入学考试 ..................146
- 439. 路线图 ..................147
- 440. 印刷电路 ..................147
- 441. 巧连电路 ..................148

## 第八章 策略思维 ..................149

- 442. 不会输的游戏 ..................150
- 443. 小魔术 ..................150
- 444. 日近长安远 ..................151
- 445. 子非鱼，安知鱼之乐 ..................151
- 446. 学雷锋 ..................151
- 447. 进化论 ..................152
- 448. 你的话说错了 ..................152
- 449. 木匠家的婚礼 ..................152
- 450. 爬山 ..................153
- 451. 搭船过河 ..................153
- 452. 三岔路口 ..................153
- 453. 汽车相遇 ..................154
- 454. 家庭活动 ..................154
- 455. 掷骰子 ..................155
- 456. 开会 ..................155
- 457. 作家 ..................155
- 458. 年龄问题 ..................155
- 459. 龟兔赛跑 ..................155
- 460. 利润问题 ..................156
- 461. 丢手绢游戏 ..................156
- 462. 不可能的分数 ..................156
- 463. 两个赌徒 ..................156
- 464. 动物园 ..................157
- 465. 三个城镇 ..................157
- 466. 选修课程 ..................157
- 467. 这可能吗 ..................157
- 468. 至少几个人 ..................158
- 469. 吝啬鬼的遗嘱 ..................158
- 470. 通货膨胀 ..................158
- 471. 蠕虫的旅程 ..................158
- 472. 砌围墙 ..................158
- 473. 数数字 ..................158
- 474. 神奇的公式 ..................159
- 475. 触礁 ..................159
- 476. 促销 ..................159
- 477. 穿越沙漠 ..................159
- 478. 猜数字 ..................159
- 479. 拼车 ..................159

- 480. 伪慈善 ...... 160
- 481. 钟摆问题 ...... 160
- 482. 大人和小孩过河 ...... 160
- 483. 一艘小船 ...... 160
- 484. 聪明的孩子 ...... 161
- 485. 排数字 ...... 161
- 486. 有错误的数学题 ...... 161
- 487. 几个苹果 ...... 161
- 488. 金鸡 ...... 161
- 489. 猴子爬绳 ...... 162
- 490. 聪明的书童 ...... 162
- 491. 对对联 ...... 162
- 492. 对哑谜 ...... 163
- 493. 奇怪的顾客 ...... 163
- 494. 出难题的公公 ...... 163
- 495. 秀才做菜 ...... 163
- 496. 下一站去哪儿 ...... 164
- 497. 出差的地点 ...... 164
- 498. 郑板桥行酒令 ...... 164
- 499. 苏轼猜谜 ...... 165
- 500. 他在干什么 ...... 165

**答案** ...... 167

# 第一章

# 灵机一动

## 1. 刁钻的顾客

高尔基从小就是一个十分聪明的孩子。童年时，他曾在一家食品店干过活。

有一次，一个刁钻古怪的顾客送来了一张奇怪的订货单，上面写着："定做 9 块蛋糕，但要装在 4 个盒子里，而且每个盒子里至少要装 3 块蛋糕。"

老板和大伙计伤透了脑筋，碰坏了好几块蛋糕，也没有办法按照订单上的要求装好盒子。眼看取货时间就要到了，可他们依然一筹莫展。

在一旁干杂活的高尔基拿起那张订货单，认真读了一遍，笑着对老板和大伙计说："这有什么难的，让我来装吧！"说完，他挑选了 4 个盒子装了起来。刚把蛋糕装好，订货的顾客就来到了柜台前。这个顾客以挑剔的眼光仔细检查了一遍，什么问题也没有，就提着蛋糕走了。老板和大伙计终于松了一口气，并且开始对聪明的高尔基刮目相看了。

你知道高尔基是怎样分装这 9 块蛋糕的吗？

## 2. 聪明的阿凡提

阿凡提小时候非常聪明。他的爸爸养了 10 只羊。一天，爸爸对小阿凡提说："如果你能让 4 个羊圈里都有 10 只羊，我就把这些羊全部送给你。"阿凡提并没有去别的地方买羊，却很快就使 4 个羊圈里都有了 10 只羊。

你知道他是怎么做到的吗？

## 3. 对称不对称

一天，乌龟和兔子比眼力。我们知道，对称有上下对称、左右对称和中心对称，但在下面四组图中，只有一组与其他三组都不对称，请找出不对称的一组。

## 4. 看电影

刚结婚的小两口，想带着父亲去看电影。凑巧小区门口刚开了个可以看4D电影的电影院，他们想带父亲去"尝尝鲜"。结果，到了售票处一问，票价不算太贵，上映的电影也合适，得到的答复却是："实在对不起，虽然我们现在还有空座，但影院规定只能向带孩子的顾客卖票。"小两口听了之后，一时不知道如何是好，只好默默地走开了。那个年迈的父亲把事情的经过从头至尾都看在了眼里。父亲心想：真的没办法了吗？他不顾小两口的反对，又来到售票处。这时，小夫妻俩已经走出5米远，见状都回头望着。

父亲说了一句话，售票处发出了阵阵笑声，当时就卖了三张票给父亲。

请问：你知道这个父亲说了句什么话吗？

## 5. 罪犯分汤

有一个监狱，每个房间关着8个犯人。傍晚时候，狱卒会在每个房间门口放一桶汤，这就是犯人的晚餐。8个犯人自己决定怎么分这些汤。在一个房间，最开始，他们每天轮流派一个人分汤。慢慢地，大家发现那个分汤的人总会有些偏心，给自己或者关系比较好的朋友多分一些。于是他们决定改变这种方式，另外派一个人监督。刚开始的时候，效果挺好，但过了一段时间后，发现监督的人出现受贿问题，分汤的人给监督者多分一些汤，监督者就不会再管汤分得是否公平。于是他们又决定轮流监督，但是问题依然存在。后来他们决定成立一个三人监督小组，汤分得公平了，可是每天为分汤的问题忙得不可开交，等到吃饭的时候汤早就凉了。

因为分汤的问题，这个房间的犯人打了好几次架。最后，有一个狱卒提出了一个很简单的方法，让他们的汤分得平均起来。其实有的时候，简单才是最有效的。

请问：你能想到这种方法吗？

## 6. 猎人的朋友

古时候有个聪明的老人，他有个打猎的朋友，送给他一只兔子。老人很高兴，当即拿着兔子做菜招待了猎人。几天以后，有五六个人找上门来，自称"我们是送你兔子的那位朋友的朋友",老人便拿出兔汤招待了他们。又过了几天,又来了八九个人,对老人说:"我们是送给你兔子的那位朋友的朋友的朋友。"

老人就给他们端来一碗泥水。客人很诧异,问这是什么。老人会如何回答呢?

## 7. 走独木桥

一个人带着一只狗、一只猫和一筐鱼过独木桥。由于狗和猫不敢过,他得抱着它们过去。为了自身的安全,一次只能带一样东西过桥。但是当人不在的时候,狗会咬猫,猫会吃鱼。

请问:这个人要怎样做,才能把这三样东西都带过河?

## 8. 五元还是十元

一个美国小孩,有人拿出一张 5 元纸币和一张 10 元纸币让他挑,他挑了那张 5 元纸币。人们都说他笨,纷纷嘲弄他,笑话他。

这事传了出去,很多人都来找他试验,结果还真是这样。这事也就传得越来越远了。

过了几十年,这个小孩成了美国总统。有记者提起这件事,问他:"是不是真的?"

"是真的。"总统答。

你知道他为什么要 5 元纸币,而不要 10 元纸币吗?

## 9. 切割金链

某首饰店需要一条 15 个环的金链,可是现在只有 5 截,每截 3 个环的金链,这 5 截金链连起来的长度正好是所需要的。不过想把它们连起来就需要切断一些环,而每切断一个环就要损失一些。为了最大限度地避免损失,该怎样切割呢?

## 10. 田忌赛马

齐国的大将田忌很喜欢赛马,有一回,他和齐威王约定,要进行一场比赛。

他们商量好,把各自的马分成上、中、下三等分别比赛。由于齐威王每个等级的马都比田忌的马强,所以比赛了几次,田忌都失败了。田忌觉得很扫兴,比赛还没有结束,就垂头丧气地要离开赛马场。他的好朋友孙膑对他说:"我刚才看了赛马,齐威王的马比你的马快不了多少呀!"孙膑还没有说完,田忌就瞪了他一眼:"想不到你也来挖苦我!"孙膑说:"我不是挖苦你,我是说如果你再同他赛一次,我有办法让你赢。"田忌疑惑地看着孙膑:"你是说另换一批马来?"孙膑摇摇头说:"一匹马也不需要更换。"田忌毫无信心地说:"那还不是照样输!"

孙膑胸有成竹地说:"你就按照我的安排办吧!"

齐威王屡战屡胜,正在得意扬扬地夸耀自己的马,看见田忌陪着孙膑迎面走来,便站起来讥讽地说:"怎么,莫非你还不服气?"田忌说:"当然不服气,咱们再赛一次!"说着,"哗啦"一声,把一大堆银钱倒在桌子上,作为赌注。

齐威王一看,心里暗暗好笑,于是吩咐手下,把前几次赢得的银钱全部抬来,另外又加了一千两黄金,也放在桌子上。齐威王轻蔑地说:"那就开始吧!"

一声锣响,比赛开始了。奇迹出现了,田忌竟然赢了比赛。

你知道他是如何获胜的吗?

## 11. 孙膑与庞涓吃饼

一天,鬼谷子想考验一下自己的两个弟子孙膑与庞涓的智力,他拿出5个饼放在桌上,让他们两人取着吃。规则是:每人一次最多拿2个饼,并且拿的饼全部吃完后才能再拿。鬼谷子刚一说完，庞涓就迫不及待地拿了2个饼。

如果你是孙膑，要想取得胜利，你该如何吃饼呢？

## 12．应得的工资

周扒皮雇了短工干活，工人工作7天可以赚得一条金链。工人担心周扒皮不付钱，于是要求每天工作结束后结算一次工资。但这条金链是由7个相同的金环连成的长链，每弄断一次就会有些损失。如果想要把损失降到最低，该如何给工人发工资呢？需要断开几个环？

## 13．烧香时间

一天，小明和小亮在实验室里做实验。这个实验需要用45分钟的时间，但是他们手中没有钟表，无法确定时间。幸好手上有两根粗细不均匀的香，每根烧完的时间都正好是1小时。

请问：该怎样用这两根香来确定45分钟的时间呢？

## 14．焚香计时

小明和小亮又做了一个物理实验，需要时间为1小时15分钟。现在他们有若干根这种不均匀的香，每根从头烧到尾仍然正好是1小时。

请问：他们该如何用烧香的方法来计时1小时15分钟呢？

## 15．裁缝的招牌

在老上海滩，同一条街道上住着三个才艺不分伯仲的裁缝。一天，其中一个裁缝在招牌上写：上海最好的裁缝。另一个裁缝写：中国最好的裁缝。

如果你是第三个裁缝，你会在招牌上写什么呢？

## 16．巧过独木桥

有个农民挑了一对竹筐，赶集去买东西。当他来到一座独木桥上，对面来了个孩子，他想退回去让孩子先过桥，但是回身一看，后面也来了个孩子。正在进退两难之际，农民急中生智，想了个巧办法，使大家都顺利地通过了独木桥，而且三人谁也没有后退过一步。

请问：农民用的是什么方法？

## 17．相同的试卷

有一次考试，在一个小教室中进行，共有三个监考老师，考试的题量很大，很多人都是一直在做题，没有时间顾及其他，所以他们根本不可能作弊。

但是，在改卷子的时候，还是发现有两张完全相同的试卷。

请问：你知道这是怎么回事吗？

## 18．机灵的小孩

有一群人在路口喧哗，一个小孩子过去看热闹，原来那里有两个人在打赌赢钱。他们的规矩是，一个人说一句话，如果另外一个人不相信的话，就要给说话的人5个铜板。这两个人中有一个人比较憨厚，所以输了一些钱，而另一个无赖总是赢钱。于是这个小孩子过去替那个憨厚的人做游戏，并且每次只对那个无赖说同样的一句话。无赖每次只能回答不相信，并且给小孩5个铜板。

请问：你知道小孩子是怎么说的吗？

## 19．排列十字形

一天，小明去买东西，找回了8枚相同的1元硬币，他排成如下图所示的十字形，横排4枚，竖排5枚。这时，爸爸对小明说：你能只移动其中1枚，就使无论横排还是竖排都有5枚硬币吗？小明想了想真的做到了。

请问：你知道他是怎么做的吗？

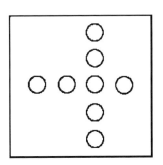

## 20. 读书时间

小明非常不喜欢读书。在考试前的一个星期内,老师规定小明必须每天都要读点书,而且每次都不能少于两个小时。小明没办法,只好按照老师说的办。

但是他实在是讨厌读书,所以就想了一个妙计,既满足了老师的要求,又使自己读了最少的书。你知道他想出了什么妙计吗?他在这个星期里最少读了多少小时的书?

## 21. 火柴公式

一天,爸爸发现三岁的小明用火柴棒在地上摆成了这样一个式子:Ⅰ+Ⅹ=Ⅸ (1+10=9),这显然是错的。于是爸爸让小明用最少的移动次数,使这个式子正确。你知道他最少要移动几根火柴吗?

## 22. 贪吃的兔子

有只兔子在树林采了100根胡萝卜堆成一堆。兔子家离胡萝卜堆50米,兔子打算把胡萝卜背回家。但是,兔子每次最多只能背50根,而且兔子嘴馋,只要手上有胡萝卜,每走1米它就要吃掉1根。

请问:兔子最多能背几根胡萝卜回家?

## 23. 旅程速度

某人进行一次北京和天津之间的往返旅行,希望在整个旅行中能够达到60千米/小时的平均速度。但是从北京到达天津时,他发现平均速度只有30千米/小时。

请问:他应当怎么做才能够使这次往返旅行的平均速度达到60千米/小时?

## 24. 兄弟年龄

爸爸的同事家中有三个小孩,一天爸爸问同事三个孩子的年龄。同事回答说:他们三个的年龄乘起来的积为14。那么,你能帮爸爸计算一下三个孩子各自的年龄是多大吗?(年龄应为整数)

## 25. 大钟和闹钟

从我住处的窗口往外看,可以看到镇上的大钟。每天,我都要将自己的闹钟按照大钟上显示的时间校对一遍。通常情况下,两个钟上的时间是一样的,但有一天早上，发生了一件奇怪的事情：

我的闹钟显示为差 5 分钟到 9 点；

1 分钟后显示为差 4 分钟到 9 点；

但再过 2 分钟时，仍显示为差 4 分钟到 9 点；

又过了 1 分钟，闹钟则显示为差 5 分钟到 9 点。

一直到了 9 点钟，我才突然醒悟过来。到底是哪里出了错？你知道是什么原因吗？

## 26．方形游泳池

小明家有一个正方形的游泳池，游泳池的四个角上分别栽着一棵古树。现在要把水池扩大，使它的面积增加一倍，并且要求还是一个正方形。但是四棵古树就这样铲除实在可惜。

请问：你有什么好办法吗？

## 27．重组地毯

小明家有一个房间需要铺地毯，这个房间是一个三边各不相等的三角形。但是当妈妈去买地毯的时候，不小心把地毯剪错了。如果把这块地毯翻过来正好可以铺在这块地上。但是大家知道，地毯是有正面和反面的。没有办法了，只好把地毯剪开，重新组合成这块地的形状。

请问：怎么裁剪这块地毯，才能使地毯正面朝上，并且裁减的块数最少呢？

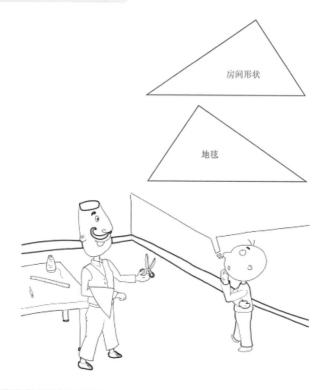

## 28．英国人的幽默

沙漠中，一个美国人、一个法国人和一个英国人结伴而行。途中遇到一个灯神，灯神对他们说："我能帮你们每人实现三个愿望。现在，说出你们的愿望吧！"

美国人先许愿，他说："我要很多很多钱。"于是灯神给了他很多很多钱。

美国人接着说："我还要很多很多钱。"灯神又实现了他的愿望。美国人最后说道："把我和这些钱都送回家吧！"于是美国人带着一大笔钱回到了家乡。

然后是法国人许愿，法国人说："我要很多很多美女。"灯神给了他很多美女。

法国人继续说："我还要很多很多美女。"灯神也实现了他这个愿望。法国人最后许愿说："把我和这些美女都送回家吧！"于是法国人带着一群美女回到了家乡。

最后是英国人，只见英国人慢吞吞地往地上一坐，说："给我来瓶酒。"

灯神给了他一瓶酒。英国人优哉游哉地把酒喝完，然后说："再给我来瓶酒。"灯神又给了他一瓶。英国人很快又喝完了，这时他拍了拍脑袋，对灯神说："我有点想念我的两个同伴了，你把他们弄回来吧！"

……

接着美国人、法国人、英国人继续结伴在沙漠中行走。美国人、法国人对英国人恨得牙根直痒痒，却也没有办法。

不久,他们又碰到一个灯神,这个灯神法力稍弱一些,他说:"我可以帮你们每人实现两个愿望。你们需要什么尽管说。"

这一次美国人和法国人学乖了,他们让英国人先许愿,以免又被拉回来。

这个英国人还是不想让另外两个人得逞,你知道他是如何做的吗?

## 29. 考试及格

小磊放学回家,刚进门就喊道:"妈妈,今天考试了。"

妈妈闻言从厨房出来,问道:"哦?那你考了多少分?"

"60分。"

"啪"一个巴掌。

小磊顿时哭了出来,委屈地说道:"全班只有一个人及格。"

"这点分数你还觉得很光荣?"妈妈柳眉倒竖,忍不住"啪"又是一巴掌过去……

如果你是小磊,遇到这种情况,你会怎么做才能让妈妈不打自己呢?

## 30. 面积

有人拍卖一块土地,说是土地形状为正方形,南北长100米,东西长也是100米。等到有人买下来以后,一量,这块土地的面积却只有5000平方米。

请问:为什么会这样呢?另外那5000平方米的土地哪去了?

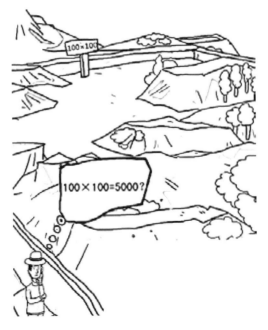

## 31. 首因效应

一个新闻系的毕业生正急于找工作。

一天，他到某报社对总编说：

"你们需要一个编辑吗？"

"不需要！"

"那么记者呢？"

"不需要！"

"那么排字工人、校对呢？"

"不，我们现在什么空缺也没有了！"

"那么，你们一定需要这个东西。"

说着他从公文包中拿出一块精致的小牌子，上面写了几个大字。

总编看了看牌子，微笑着点了点头，说："如果你愿意，可以到我们广告部工作。"

请问：你知道他在牌子上写了什么才得到这份工作的吗？

## 32. 热气球过载

英国有一家报纸曾经举办过一次高额奖金的有奖征答活动。题目是这样的：在一个充气不足的热气球上，载着三位关系人类兴亡的科学家，热气球过载，即将坠毁，必须丢出一个人以减轻重量。把谁扔出去呢？三个人中，一个是环境专家，他的研究可使无数生命避免因环境污染而身亡；一个是原子专家，他的研究成果能够防止全球性的核战争，使地球免遭毁灭；最后一个是粮食专家，他的研究能够让数以亿计的人脱离饥饿。

奖金丰厚，应答的信件堆成了山，答案各不相同。

最终的获胜者却是一个小孩，你知道他的答案是什么吗？

## 33. 马驴运货

在墨西哥农村现在仍然可以看到人们用马和驴运载货物。一位商人把四匹马从甲村拉到乙村，而从甲村到乙村，A 马要花 1 小时，B 马要花 2 小时，C 马要花 4 小时，D 马要花 5 小时。

这位商人一次只能拉两匹马，回来时他还要骑一匹马，其中以走得慢的那匹马作为从甲村拉到乙村所需的时间。听说有人花了 12 小时就把 4 匹马全部从甲村拉到乙村。

请问：他是如何办到的？

## 34. 究竟出了什么问题

美国的一位魔术师发现这样一个奇怪的现象：一个正方形被分割成几小块后，重新组合成一个同样大小的正方形时，它的中间却有个洞！

他把一张方格纸贴在纸板上，按图1画上正方形，然后沿图示的直线切成5小块。当他照图2的样子把这些小块拼成正方形的时候，中间真的出现了一个洞！图1的正方形是由49个小正方形组成的，图2的正方形却只有48个小正方形。

请问：究竟出了什么问题？那一个小正方形到底哪儿去了？

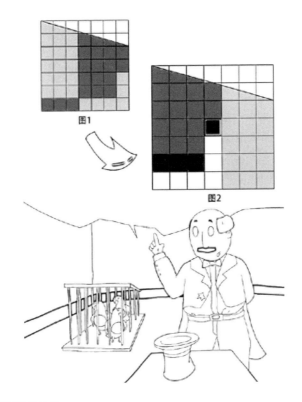

## 35. 地毯上的飞机

亮亮把一个小玩具飞机投掷到铺满地毯的房间中间了。爷爷走过来对亮亮说："不准你踩着地毯，不准你使用任何工具，不用别人帮忙，你能把飞机从房间中间拿出来吗？"

"那我不踩地毯，爬进去拿行吗？"亮亮望着屋子正中地板上铺的6平方米大的地毯说。

"不行。"爷爷答道。

"我知道该怎么做了。"亮亮眼珠一转,突然有了主意。他用自己想出的办法,按爷爷的要求取出了玩具。

请你想一想,亮亮用的是什么办法?

## 36. 于谦的智慧

明朝时有个大臣叫于谦,他领导了著名的"北京保卫战"。可是谁也不知道他还曾经凭借自己的聪明才智保护了一个大臣的性命。

当时有个叫李佳宁的大臣因为冲撞了皇帝,被判了秋后处决。由于这个大臣名满天下,当时的才子都争相为其求情,但皇帝正在气头上,死活不肯从轻发落。众大臣便跪在大殿门口,不肯离去。皇帝迫于无奈,只好说:"我这里有5文钱,谁能用这5文钱去集市上买来足够的东西把乾清宫大殿充满,我就放了他。"

一时间,大臣们议论纷纷,有人说:"我们买稻草吧,稻草便宜,5文钱应该能买足够的稻草。"

有人说:"不如买水,五文钱能买好几车,说不定能把大殿填满。"

有人说:"5文钱请个工人去野外伐棵大树,它的枝叶一定能把大殿填满。"

但是不管什么提案,都被大家否定了:稻草和水没法在大殿里堆起来,大树运到皇宫根本不像样子。

在大家一筹莫展的时候,于谦想到了一个办法。他到集市上花不到1文钱买了个东西,确实充满了整个大殿。

请问:你知道于谦买的是什么吗?

## 37. 地球和太阳

一个宇航员骄傲地对他的父亲说,他已经绕行地球20圈了。他父亲说:"这有什么稀奇,我还绕太阳50圈了呢!"你说,他的父亲是在吹牛吗?

## 38. 分工钱

有一农场主雇了甲、乙两个工人帮忙种小麦。甲是一个耕地能手,但是他不会播种;乙是播种的好手,但他不善于耕地。这个农场主决定要种10公顷小麦,让他们各包一半。于是,甲从东头开始耕地,而乙从西头开始耕地。耕一亩地甲只需要20分钟,而乙却需要40分钟,但是乙播种的速度比甲快3倍。他们播种完工后,农场主按照他们的工作量给了他俩一共100元的工钱。

请问:他们应该怎样分这份工钱才最合理?

# 39．让人意外的常识

(1) 百年战争(英法)打了多久？
(2) 巴拿马帽(Panamahat)是哪个国家制造的？
(3) 猫肠(Catguts)是从哪种动物身上获得的？
(4) 俄国人在哪一个月庆祝"十月革命"？
(5) 骆驼毛刷(Camel shairbrush)是用什么毛造的？
(6) 太平洋的金丝雀群岛(Canary Islands)是以什么动物命名的？
(7) 英皇乔治五世(KingGeorge V)的名字是什么？
(8) 紫织布鸟(Purple finch)是什么颜色的？
(9) 中国醋栗(Chinese gooseberry)是哪里出产的？
(10) 客机上的黑匣子(Blackbox)是什么颜色的？

# 40．睡觉的问题

有一个问题一直困扰着我，一个人从出生到现在，究竟是入睡的次数多呢，还是醒来的次数多？又多了多少呢？

# 41．偶数路径

在下图中，这是一个城堡，左下角是城堡的大门，右下角带十字架的建筑是王宫。国王每次出行都要请国师算一下该走几个路段。一次，国王要求从大门走到王宫要走过偶数个路段。

请问：你能找出一条可行的最短的路径吗？

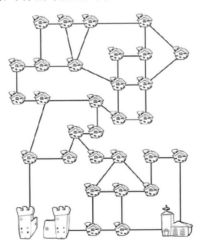

## 42. 镜子反射的影像

当你面向镜子照看时，映出的常常不见得都是你的真实容貌。一人站在两块相对摆放着的立镜中间，就会照出一连串的影像。假设有一间小屋，屋内上下、左右、前后都铺满了无缝隙的镜子。

请问：当有个芭蕾舞演员走进这间小屋时，他能看到什么样的影像呢？

## 43. 点与直线

一天吃过晚饭，爸爸给小明出了一道题：在 9 个点上画 10 条直线，要求每条直线上至少有 3 个点。这 9 个点应该怎么排列？小明想了想就答出来了。

请问：你知道答案是什么吗？

## 44. 六人过河

有三对夫妇要过一条河。河中只有一条小船，每次最多只能载两个人。六个人中只有妻子甲、丈夫乙、妻子丙三人会划船。而且任何一位妻子都不想和除了自己丈夫以外的男人单独在一起。

请问：该如何安排六个人过河？

## 45. 动物过河

大老虎、小老虎、大狮子、小狮子、大狗熊、小狗熊要过一条河，其中任何一种小动物少了自己同类大动物的保护，都会被别的大动物吃掉。六个动物之中，只有大老虎、小老虎、大狮子、大狗熊会划船。可现在只有一条船，一次只准坐两个动物。

请问：怎样才能保证六个动物顺利地到达彼岸而不被吃掉？

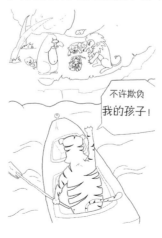

## 46．楚庄王的智谋

楚庄王是春秋时期的五霸之一，他是一位治国有方、用人有术的君主。关于他的用人艺术，有这样一个非常生动的故事。

有一年，楚国的军队接连打了几个大胜仗，楚庄王非常高兴，专门在宫中设宴庆功，犒赏功臣将士。宴会上，楚庄王下令将士开怀畅饮，不必拘束，还专门让他的爱妃许姬为每一位有功将士敬酒。

许姬是一位绝代美女，她遵照楚庄王的命令，面带笑容地走到每位将士面前敬酒助兴。宴会上，有一个叫唐狡的壮士已喝得酩酊大醉，见许姬飘然如仙地向他走来，以为是天仙下凡。正在此时，宫中蜡烛被一阵风吹灭了，宫中一片漆黑。唐狡趁此机会，情不自禁地用手去牵许姬的衣服。许姬拼命挣脱，并机智地拔下了唐狡头上的帽缨。许姬跑到楚庄王面前告状："有人想趁黑污辱我，我顺手拔下了他的帽缨，您赶快令人点上蜡烛，查明此人，为我雪耻！"

这突如其来的事件把人们惊得目瞪口呆，大厅里顿时一片寂静。唐狡更是吓得冒出一身冷汗，猛然间从醉酒中清醒过来，追悔莫及，只好等着楚庄王处罚。

出人意料的是，楚庄王听完许姬的诉说，非但没有追究无礼之人的意思，反而以责备的口吻对许姬说："酒后失礼是人所难免的，我怎么能为此去惩治一位刚从战场上拼杀活下来的勇士呢？"

但是如何保住手下的脸面，给手下一个台阶下呢？楚庄王灵机一动，想出了一个好主意。

请问：你知道他是怎么做的吗？

## 47．父母和孩子

父母有时候会作出一些让孩子无法接受的决定，在这个时候，父母常常这样为自己辩解："我们的生活经验更丰富，对事物的判断也更加成熟，所以我们知道什么是对孩子好的。"于是他们也这样告诉孩子："你还小，所以不懂，等你长大懂事后自然就会明白我们这是为了你好。"

然后孩子服从了父母的决定。但是随着年纪逐渐增长，孩子并没有看出当年父母作的决定的道理，反而更加坚信那个决定是错的。于是孩子满18岁以后质问父母："当年你们说等我长大后就会明白你们是为了我好，现在我长大了，我怎么没看出你们的决定有什么好的地方？"

想必父母这时候一定很尴尬，你该如何为这样的父母解围呢？

## 48．两人过河

两人都想过一条河，可是河上没有桥，只有一条只能载一人的小船。最后两人还是成功地到了河对岸。

请问：这是为什么？

## 49．吝啬鬼请客

从前，有个吝啬鬼请人来家里吃饭。折腾了半天，只弄了一碗鸡蛋汤，还是鸡蛋特别少，水特别多的那种。然后吝啬鬼对客人说："你别小看这碗鸡蛋汤，你要是晚来三个月，这就是一碗鸡肉汤了。"

过了几天，客人回请吝啬鬼，吃饭的时候，端上了一盘竹片，然后按照吝啬鬼的逻辑说了一番话，吝啬鬼顿时无话可说了。

请问：你知道这个人是怎么回击吝啬鬼的吗？

## 50．预言

一个人写了一本书，名叫《古今预言大全》，其中有一个预言是最准确的，五百年来，它每一次都准确地应验在了每一个读者身上。

请问：你知道这个预言是什么吗？

## 51．奸商

一个奸商卖布，五颜六色什么花色都有，并在店门口拉了一条横幅，上面写着"保不褪色"四个大字。人们纷纷前来购买。不久，就有人来到店中，说自己买的布褪色严重，无法使用，要求退货。这时奸商指着门口的横幅说："你没看到我已经声明了吗？干吗还来找麻烦呢？"

客人听了奸商的辩解，只好无可奈何地离开了。

请问：你知道奸商是怎么辩解的吗？

## 52．错在哪里

一个年轻人参加一次聚会，遇到了一位漂亮的年轻女士，开始攀谈起来。

年轻人：你结婚了没有？

女士：还没有。

年轻人：有几个孩子了？

女士大怒瞪了他一眼离开了。

年轻人碰了一鼻子灰，又和另一位漂亮的年轻女士交谈。

年轻人：你有几个孩子了？

女士：两个孩子。

年轻人：你结婚了没有？

这位女士也瞪了他一眼，愤然离去。
请问：年轻人的话到底错在了哪里呢？

## 53．遗传性不孕症

一个病人到一家新开的诊所就诊。
病人：大夫，我结婚10年了，到现在还没有孩子。
医生：据我诊断，你应该是遗传性不孕症，你最好查一查你的家谱。
请问：医生的诊断可能吗？

## 54．修电灯

小王请一位做电工的朋友来家中帮助修理电灯，可是等到了半夜还没有人来。第二天，小王找到这位朋友。
小王：昨天不是说好了来我家修电灯吗？你怎么没来呢？
朋友：我去了，可是你家没人。
小王：不可能，我一直在家等到半夜。
朋友：怎么会呢？我到你家门外一看，屋里黑咕隆咚的，连灯都没开，我就走了。
请问：你知道这到底是怎么回事吗？究竟是谁的问题呢？

## 55．旅店的房费

一位游客来到一家旅店准备住宿。
游客：请问你们这里住一晚需要多少钱？
旅店前台：一楼每天500元，二楼每天400元，三楼每天300元。
游客：我住六楼。
旅店前台：为什么一定要住六楼呢？
游客：因为每层少100元，六层就不要钱了。
旅店前台：……
请问：这位游客的言论错在哪里？

## 56．逻辑错误

上课时，语文老师讲到《红楼梦》时，问同学们："谁知道《红楼梦》的作者是谁？"
小明马上站起来回答道："我知道，《红楼梦》的作者是著名的女作家曹雪芹。"
老师很纳闷地问："你为什么认为作者是女作家呢？"
小明说："因为'芹'这个字只有女性才会用在名字里。而且我们经常可以看到在一些书中，曹雪芹的插图都是梳着一条辫子，所以，作者当然是女的了。"

请问：小明的言论错在哪里？

# 第二章

# 奇思妙想

## 57．穿反的毛衣

一天，小明把T恤穿反了，领口的一面穿到了后面。爸爸给小明一个任务，就是用一根绳子把小明的双手连在一起，然后要他把T恤穿正。

请问：你知道小明该怎么做才能不解开绳子就穿正衣服吗？

## 58．神枪手钓鱼

一位神枪手去河边钓鱼，河里有很多鱼，可是他技术不好，一条也没有钓到。他干脆拿出手枪对准河里的鱼射去。可是一连开了好几枪，依然一条也没有射中。他可是神枪手啊，这到底是怎么回事呢？

## 59．沙漏计时

有一个10分钟的沙漏，还有一个7分钟的沙漏，现在要用这两个沙漏计时18分钟。

请问：你知道该怎么做吗？

## 60．冰封的航行

在北方有一条航线，每年冬天都会冰封两个月的时间。这为航运公司带来了巨大的困扰，不但经济效益受到了影响，还大大影响了居民的出行。因为在冰封的时候，人们不得已只能选择别的出行方式。为了最大限度地减少这种情况，人们纷纷想办法让航道冰封的时间缩短。

请问：你知道什么有效的方法吗？

## 61．体操员的号码

奥运会上，得奖的三名体操运动员都是中国队的，他们衣服上的号码分别为1、2、6。一位小朋友看到后，对爸爸说，把这三个人排列一下，他们衣服上的号码可以组合成一个能被43整除的数字。

请问：你知道该怎样排列吗？

## 62．判断开关

屋子里有四盏灯，屋外对应有四个开关。现在你从屋外走到屋内，不许再出去，如何能确定这四个开关分别对应哪盏灯？

## 63. 盒子中的水

一天外面下起了大雨,爸爸叫小明去接1升水。家里只有一个2升装的规则的立方体盒子。看着盒子里的水越来越多,爸爸说:"盒子里的水到一半了吗?"

小明说:"盒子里的水还不到一半。"

请问:在不把水倒出来的前提下,如何用最简单的办法知道水有没有到一半呢?

## 64. 巧辨兄弟

有兄弟两人,哥哥上午说实话,下午说谎话。

而弟弟正好相反,上午说谎话,一到下午就说实话。

有一个人问这兄弟二人:"你们谁是哥哥?"较胖的说:"我是哥哥。"较瘦的也说:"我是哥哥。"那个人又问:"现在几点了?"较胖的说:"快到中午了。"较瘦的说:"已经过中午了。"

请问:现在是上午还是下午?谁是哥哥?

## 65. 角度的变化

一天,小明拿着一个放大镜在观察蚂蚁。爸爸看见了,就问小明,这个放大镜可以把蚂蚁放大几倍?小明回答说放大两倍。爸爸接着问,用这个可以放大两倍的放大镜去看一个30°的角,看到的角是多少度呢?要是用可以放大10倍的放大镜看这个角,能看到多少度?

## 66. 巧选步行与乘车

周末皮皮放学后,站在车站等汽车,等了很久,汽车也没有来。他想回家换衣服和同学去踢足球,心里非常急,就步行往家走去。如果他乘车10分钟就可以到达家,他步行要40分钟才能到达。当他走到全路程的1/2时,公共汽车来了,他又乘上汽车走完了全程到达目的地。

请问：他这样与一开始就乘汽车比较起来，能快多少分钟？

## 67．瓶中的小虫

有一种小虫，每隔两秒分裂一次。分裂后的两只新的小虫经过两秒后又会分裂。如果最初某瓶中只有一个小虫，那么两秒后变两个，再过两秒后就变 4 个……两分钟后，正好满满一瓶小虫。

若在这个瓶内放入两个这样的小虫，请问：经过多长时间后，正巧也是满满的一瓶？

## 68．蜗牛爬树

一只小蜗牛爬一棵树。每天晚上蜗牛都要睡觉，白天才出来活动。白天蜗牛可以向上爬 3 尺，但是晚上睡觉的时候会往下滑 2 尺，树高 10 尺。

请问：蜗牛几天可以爬到树顶端？

## 69．兔妈妈的孩子

兔妈妈生了许多兔宝宝。一天，猪妈妈来串门，问兔兄弟和兔姐妹各有几个。兔弟弟回答说：我的姐妹的数量和我的兄弟的数量是一样的。而兔妹妹却回答说：我的姐妹数量只有兄弟数量的一半。

你知道兔妈妈一共生了几只兔宝宝吗？其中兔兄弟和兔姐妹各有几只？

## 70．菠萝肉和菠萝皮

妈妈去市场卖菠萝，一箱菠萝有 10 斤重，卖 1 元钱 1 斤。

有个买菠萝的人说："我全都买了，做罐头，麻烦你帮我把皮削下来，里面部分 7 角钱 1 斤。另外，不会让你亏的，皮我也要，算 3 角钱 1 斤。这样加起来还是 1 元，对不对？"

妈妈一想，7 角加 3 角正好等于 1 元，没错，就同意了。

她把菠萝皮削了下来，里面部分一共 8 斤，皮 2 斤，加起来 10 斤。8 斤里面的部分是 5.6 元，2 斤皮 6 角钱，共计 6.2 元。

事后，妈妈越想越不对，原来算好的，10 斤菠萝明明可以卖 10 元，怎么只卖了 6.2 元呢？到底哪里算错了呢？

## 71．猜数字

一天放学后，明明问爸爸：一个数字，去掉第一个数字，是 13，去掉最后一个数字是 40，请问这个数字是什么？爸爸想了半天也没猜出来。你知道这个数字是什么吗？

## 72．奇怪的钟

明明家里的钟一天慢 1 小时。有一天，明明的同学看到这座钟，他说："接下来的几天它都不会再慢了。"明明在这段时间并没有去碰这座钟，而钟果然没有再慢，这是怎么一回事呢？

## 73．接满雨水的时间

干旱地区非常缺水，人们都用水桶接雨水。没风的时候，雨点竖直落下，用 30 分钟可以接满一桶水。一次下雨时，刮起了大风，雨水下落时偏斜 30°。如果这次雨量大小不变，那么需要多长时间才能接满一桶水呢？

## 74．滚动的圆木

古时候，人们用圆木做的滚车移动重物。两根相同的圆木并排放在一起，上面放上石块，向前滚动。如果圆木的周长是1米，那么圆木滚动一圈，重物将前进多少米？

## 75．谁先到达

有三个同学外出看电影，他们要乘公交车回校，但是他们等了很久，公交车都没有来。这时，甲的意见是站在那里等；乙的意见是往前面走一些，因为等的时间已经可以走出一段路程了，这样可以早点返校；丙的意见是往后走，这样可以更快地遇到迎面开来的车子，就可以早点返校。三个人谁也说服不了谁，结果都按自己的方式行事。那么，这三个人谁先到达学校？谁最聪明？

## 76．班委竞选

一个班级有49人，要选出一个班长、两个副班长。每个人只能投1票，可以投给自己，前三名得票最多的人当选。现在有7位候选人，不许弃权。

请问：最少需要获得几票才能确保当选？

## 77．快速煎饼时间

婧婧很喜欢吃饼，妈妈经常给她煎饼吃，每次妈妈都煎三张饼。家里的锅不大，每次只能放进两张饼。把饼的一面煎熟需要 1 分钟，所以三张饼就要煎两次，花 4 分钟时间。这天婧婧看见了妈妈煎饼，于是对妈妈说："其实你可以用 3 分钟就煎好三张饼的。"妈妈不信，婧婧示范给妈妈看，果然只用了 3 分钟。

请问：婧婧是如何用 3 分钟就煎好三张饼的呢？

## 78．赚了还是赔了

一个人开服装店，他卖掉了两件衣服，价格都是 600 元。其中一件的价格比买进时的价格低 20%，另一件比买进时的价格高 20%。

请问：他是赚了还是赔了？

## 79．出生年份

在 1993 年的某一天，小张过完了他的生日，并且他此时的年龄正好是他出生年份的 4 个数之和。你能推算出小张是哪一年出生的吗？

## 80．数列

一群盗贼合伙偷得一块钻石，没法分，他们又不想将其卖掉。于是他们打得不可开交。正在这时，一个过路人经过，看到这种情况，说："这样吧，我出个题目，你们谁能猜出答案，钻石就归谁。"大家都同意了。

过路人的题目是：125，77，49，29，？

按照上面的规律，请问：问号处应是什么数字？

## 81．宾馆的房门号码

有一家宾馆的门牌号是从左到右用阿拉伯数字写的四位数字。有一天，一个门牌掉了，服务员重新放上去的时候却把它放反了。最后发现此时的门牌号仍然是一个四位阿拉伯数字，但是比原来的数字多了 7875。

请问：这个房间的门牌号到底是多少？

## 82．赌局的胜率

一颗骰子是一个六面体，六个面上分别刻有 1～6 六个点。

小李打赌说，如果连续掷骰子四次，那么，这四次中必定有一次是一点(即一个点的面向上)。

小王则认为：连续掷四次，要么一次一点也没有，要么一点出现的次数多于 1。

他们二人谁有更大的可能获胜？

## 83．水和冰

水结成冰，体积会增加 1/9，那么，冰在融化成水的时候，体积减小为原来的几分之几？

## 84．师母的出生日期

小王去导师家做客。导师的妻子也是学数学的，她出了一道题要考考小王："我生日的月份和日子都是一位数，把它们连成一个两位数的时候，这个两位数的 3 次方是个四位数，4 次方是个六位数，并且这个四位数和六位数的各个数字正好是 0~9 这 10 个数字，而且没有重复。你能算出我的生日是哪一天吗？"

## 85．魔术师和儿子的年龄

我有一个朋友，早在 45 年之前他儿子刚出世没几年时，他就已经成了一名职业魔术师。最近他告诉我，他的年龄的个位和十位交换一下便是他儿子的年龄。如果他比他儿子大 27 岁，那么他们现在分别是多少岁？

## 86．男女比例

古时候，有一个国家的国王为了能有更多男子当兵打仗，就颁布了这样一条法律：一位母亲只有生了男孩以后才可以继续生孩子；如果生了女儿，她就立即被禁止再生小孩。这样的话，有些家庭就会有几个男孩而只有一个女孩，但是任何一个家庭都不会有一个以上的女孩。因此，用不了多久男人的数量就会大大超过女人的数量了。

你认为这条法律可以实现国王的"愿望"吗？

## 87．火中逃生

美国有一种火灾救生器，其实就是在滑轮两边用绳索吊着两个大篮子。

把一个篮子放下去的时候，另一个篮子就会升上来。如果在其中一个篮子里放一件东西作为平衡物，则另一个较重的物体就可以放在另外的篮子里往下送。

假如一只篮子空着，另一只篮子里放的东西不超过 30 磅，则下降时可保证安全。

假如两只篮子里都放着重物，则它们的重量之差也不得超过 30 磅。

一天夜里，威尼的家里突然发生火灾。

除了重 90 磅的自己和重 210 磅的妻子之外，威尼还有一个重 30 磅的孩子和一只重 60 磅的宠物狗。

现在知道每只篮子都大得足以装进 3 个人和一只狗,但别的东西都不能放在篮子里。而且狗和孩子如果没有威尼或他的妻子的帮助,不会自己爬进或爬出篮子。

你能想出好办法使这 3 个人和一只狗尽快安全地从火中逃生吗?

## 88. 药品的规格

一家药厂生产一种药,这种药共有三种规格,分别重 1 克、2 克、3 克。

但这些药都是胶囊包装,从外表上看不出哪个药是 1 克的,哪个药是 2 克的,哪个药是 3 克的。

药厂将这些药装进若干个药瓶中。现在可以确定的是,每个瓶子中只有一种规格,且每瓶中的药品数量足够多。只是忘记了在药瓶上打标签,使得这些药瓶之间无法区分了。

现在请问:你能否只称一次就确认各个瓶子中盛的都是哪种规格的药?

如果这种药有 4 种规格呢?你该如何做才能只称一次就知道每瓶药是什么规格的?

如果有 5 种规格呢?

……

如果是有 $n$ 种规格呢?($n$ 为正整数,药的质量各不相同,但各种药的质量已知。)

你能只称一次就知道每瓶药是什么规格吗?

注:当然我们称药也是有代价的,称过的药会受到污染,我们就不用了。

因此，在选择称药方法的时候，要找出最节约成本的办法。

## 89．四棵大树

在一块正方形的土地上住了兄弟四人，刚好这块土地上有四棵大树。怎样才能把土地平均分给兄弟四人，而且每家都有一棵树呢？

## 90．取得证据

周某是一名贪官，因贪污受贿巨额钱款被拘留审查。经过一番搜查，警方却发现一份关键的证据——受贿账单一直没有找到。

周某知道自己罪责难逃，但如果那份关键证据被毁掉的话，自己就可以减轻刑罚，所以他处心积虑想要销毁证据。

这天，周某的妻子前来探望，周某递出了一张纸片，对妻子说："这是我的遗言。"看守人员检查了内容，只见上面是一首忏悔诗：

绿水滔滔心难静，彩虹高高人何行？
笔下纵有千般语，内心凄凉恨吞声。
账面未清出破绽，单身孤入陷囹圄。
速去黄泉少牵挂，毁了一生怨终身。

看守人员看了几遍也没有发现问题，就要转交给周某的妻子。眼看周某的计策就要成功了，此时，一名检察官赶到，看了几遍这首诗，终于发现了诗中的提示，最终找到了那份关键的证据。

你知道那份关键的证据在哪里吗？

## 91. 一语双关

皮特第一次去未婚妻苏珊家中拜见丈母娘。苏珊的母亲想试试这位准女婿的才智,于是便拿出了那道经典的难题来考他:"如果有一天我和苏珊一起掉到了河里,而当时情况紧急,你只能救起一个人,你会选择救谁?"

皮特很为难,说救苏珊,丈母娘肯定生气,而如果说救丈母娘,一听就是假话,该如何是好呢?这时皮特突然灵机一动,说了一句话一语双关,成功地过了关。

你知道皮特是怎么回答的吗?

## 92. 聚餐

周末,爷爷家举行聚餐,一共来了10个人,他们想炸东西吃,但每个人想要的老嫩程度不同。奶奶问了一遍之后,得知每个人的需求如下:爷爷想要吃炸7分钟的小黄鱼;爸爸想要吃炸3分钟的春卷;妈妈想吃炸9分钟的花生米;姑姑想要吃炸16分钟的土豆丝;叔叔想要吃炸8分钟的油条;大伯想要吃炸3分钟的豆腐;姑父想要吃炸2分钟的小黄鱼;婶婶想要吃炸5分钟的土豆丝;伯母想要吃炸6分钟的春卷;而奶奶想要吃炸10分钟的土豆丝。

如果这家人只有一个炸锅,那么做这顿饭至少需要多长时间?

## 93. 巧分桶装酒

四个酒鬼合伙买了两桶8斤装的酒,他们打算平分喝掉这些酒。但是他们手上没有工具,只有一个可以装3斤酒的空酒瓶。

请问:如何用这三个没有刻度的容器,让四人平分这些美酒呢?

## 94．赊玉米

村子里有 5 户人家关系不错，春季播种时，互相赊了一些玉米种子，约定到秋收时按借的玉米种的 2 倍归还玉米。已知 5 户玉米种赊借的关系如下：A 借给 B 10 斤玉米种；B 借给 C 20 斤玉米种；C 借给 D 30 斤玉米种；D 借给 E 40 斤玉米种；E 借给 A 50 斤玉米种。秋收了，你能不能想一个法子，动用最少的玉米且移动最少的次数情况下进行结算吗？

## 95．巧摆棋子

下图是一个棋盘，棋盘上放有 6 颗棋子，请你再在棋盘上放 8 颗棋子，使得每条横线和竖线上都有 3 颗棋子，且 9 个小方格的边上都有 3 颗棋子。

## 96．奇妙的数字

在什么情况下可以得到 12 的一半是 7？(当然，算错的情况不算。)

## 97．子弹的速度

一天，某空军飞行基地正在训练，战士们在飞机上练习射击。这时，一名战士突发奇想，问道："飞机在天空飞行，水平向前、向后射出子弹，或者垂直向下射出子弹，哪个先到达地面？"你知道答案吗？

## 98．大球中的小球

小明生日的时候，爸爸送给了他两个皮球。其中一个大，一个小，大的直径是小的直径的 3 倍。爸爸问小明：如果把小球放在大球的里面，一共可以放多少个相同的小球？小明计算了一下就得到了答案。

请问：你知道是几个吗？

## 99．丢失的螺丝

一位司机开着车去见朋友，半路上突然有一个轮胎爆了。他把轮胎上的 4 个螺丝拆下来，然后从后备厢里把备用轮胎拿出来时，不小心把这 4 个螺丝都踢进了下水道。

请问：司机该怎么做才能使轿车安全地开到附近的修车厂呢？

## 100．十一变六

在罗马字母"11"(XI)上，如何加一条线以使其成为"6"，但是不能折叠纸？

## 101．调时钟

城市正中央有一个大钟，每到整点时都会敲响报时，比如，1 点会敲一下，12 点会敲 12 下，而相邻两次的钟声间隔时间为 5 秒。这天晚上 12 点，住在大钟旁边的小丽想要根据大钟的声音调自己家的时钟，她数着大钟的响声，当敲到第 12 下的时候，她把自己的表准时按到 12 点 01 分。

请问：她的钟表时间是正确的吗？

## 102．从长方形到正方形

现有扑克牌 12 张，要求用这些扑克牌同时组合出多个正方形，但是不能折叠扑克，不能重叠扑克，也不能剪断扑克。

请问：最多能组合出多少个正方形？

## 103．正面与反面

桌上有 23 枚硬币，其中 10 枚正面朝上。假设蒙住你的眼睛，而你的手又摸不出硬币的正反面，如何才能把这些硬币分成两堆，使每堆正面朝上的硬币的个数相同？

## 104．公交车相遇

每天 A 地、B 地会向对方发出公交车，早上 6 点开始到晚上 8 点结束，每 10 分钟便有一辆车从 A 地出发，同一时刻会有一辆从 B 地开出的公交车。已知，单程的公交车运行时间是 1 小时，并且假设公交车匀速运行，在同一条线路上，近距离可见。

请问：今天中午 12 点从 A 地发出的公交车，可以遇到几辆从 B 地开来的公交车呢？

## 105．需要买多少

27 名同学去郊游，在途中休息的时候口渴难耐，便去小店买饮料。饮料店搞促销，凭 3 个空瓶可以再换一瓶。

请问：他们最少要买多少瓶饮料才能保证一人喝一瓶呢？

## 106. 铺轮胎

有一个场地是边长为10米的正方形,现在给你很多外直径为1米、内直径为50厘米的轮胎。

请问:至少要铺几层才能使轮胎完全盖住场地?

## 107. 再次相遇

在一个赛马场里,A马1分钟可以跑两圈,B马1分钟可以跑三圈,C马1分钟可以跑四圈。

请问:如果这三匹马同时从起跑线上出发,几分钟后它们又会相遇在起跑线上?

## 108. 金属棒上的图书馆

某一天,外星人来到了地球。他们和人类进行了和平友好的交流,教给了地球人很多新的科学和技术。在他们准备离开的时候,地球方面的代表提出把地球上所有图书馆里的藏书都作为礼物送给外星人,说道:"虽然我们的科学技术没有你们发达,但是这些书里记录了我们所有的文化,你们感兴趣就带走吧!"

外星人回答道:"这些书是你们地球人几千年来的积累,我们带走不太合适,而且我们的飞船也装不下这么多书。不过,我们确实对你们的文明很感兴趣,想把这些书的内容复制下来带回去好好研究。"

地球代表忙道:"我们可以把书的内容扫描下来,刻录成光盘给你,这样重量会减轻很多。"

外星人道:"不用麻烦,我们只需要一根1厘米长的金属棒就可以把你们所有书的内容复制下来。"

你知道外星人是如何做到的吗?

## 109. 谁更有利

教授和两名学生一起吃午饭。教授说:"我们来一起玩个游戏吧!你们俩把各自的钱包放在桌子上,我来数里面的钱。钱少的人可以赢掉另一个人钱包中所有的钱。"

这个游戏对谁更有利呢?

## 110. 巧放棋子

如果有3个棋子,怎么放才能让每两个棋子之间的距离相等?如果是4个棋子,如何放能让4个棋子中每两颗棋子的距离都相等?

## 111. 沙漏的悖论

一个密封的小沙漏浮在一个装满水的密封小圆柱中。令人惊讶的是,把小圆柱颠倒过来后,沙漏并没有立即浮上来。它先沉在底部,直到大部分沙子都漏下后才浮到顶部。

你知道是什么阻碍了沙漏的上浮吗?

## 112. 环球旅行

经常听说有人环球旅行。可是,在地球上怎样才算"环球"呢?大家都很茫然,主要是弄不清"环球旅行"的定义。现在我们假设:只要是跨过地球上所有的经度线和纬度线,就可以算环球旅行。那么请问,在这样的假设下,环球旅行的最短路程大概是多少公里?为了简化,解题时可以把地球看作一个正圆球,赤道周长是4

万公里。

## 113．切西瓜

瓜农在卖西瓜的时候,将西瓜切了4刀,最多能把西瓜切成多少块?

## 114．魔术

有一天,豆子和小羽在看电视上的一个魔术节目。魔术师邀请了5位现场观众上来参与表演。他先让观众检查他手上的牌有没有问题,然后请观众在52张扑克牌中任选25张。魔术师将这25张牌分成5组,要5位观众各选一组,再从各自选择的那组中选出一张"记在心里",就是不可以跟任何人讲,没有人知道观众心里记的是什么牌,当然,魔术师也不知道。这时魔术师将25张牌收回来,开始洗牌,只见其手法利落,纸牌如飞般地重新编组。然后他又将牌分成5组,先拿出第一组5张,问5位观众,是否这5张中有他们心中的牌。若有则点头,但不需说出是哪一张;若无则摇头。第一组牌问完后又问第二组牌,依此类推。魔术师将手中的牌分组后,在5个观众面前分别放一张牌,然后问观众,是否这张牌就是他们心中的牌。当然,结果就是他们心中记忆的牌。电视机旁的小羽拼命鼓掌。

"这不过是巧用数学罢了",在一旁沉思已久的豆子兴奋地说,"如果我有他的洗牌技术,我也可以表演这个魔术。"

请问:豆子说的是真的吗?

## 115．难题

有个小孩想吃巧克力,到了商店才发现自己没钱,但是太想吃了,就把实情告诉了商店老板。老板说:"我给你出个题目吧!如果你能把这10块巧克力排成5排,每排4块,我就把巧克力都给你吃,怎么样?"

请问:你能做到吗?

## 116．桥的承受能力

一名杂技演员去表演节目,路上要经过一座小桥。小桥只能承受100千克的重量。而杂技演员的体重为80千克,他还带着3个各重10千克的铁球。总重量明显比桥的承受能力高,该怎么办呢?杂技演员灵机一动,想出了一个好办法。他把3个球轮流抛向空中,这样每时每刻总有一个球在空中,那么他就可以顺利地过桥了。

请问:如果这样做的话,桥能支撑得住吗?

## 117. 盒子与锁

A、B两人是密探,各自有一把不能被破坏的锁和只能开自己那把锁的钥匙。现在A想把一张扑克快递给在另一个城市的B,又怕扑克被人偷看。A还有一个可以用锁锁住的盒子,那他应该如何利用这只盒子把扑克安全地快递给B?

# 第三章

# 突破常规

## 118. 卖糖果

小新的爸爸开了家糖果店。周日,爸爸让小新帮忙看店,自己有事出门。之前有个人说要订购一批糖果,只记得是不超过 1500 颗糖,但是具体数字一直没有确定下来,周日来拿。不巧的是小新不会包装糖果,爸爸就把 1500 颗糖包装成了 11 包,这样顾客无论要买的是多少颗,都可以不用打开包装直接给他了。

请问:你知道爸爸是怎么包的吗?

## 119. 标准时间

婧婧买了一块新手表。她与家中挂钟的时间做了一个对照,发现新手表每天比挂钟慢 3 分钟。她又将挂钟与电视上的标准时间做了一个对照,刚好挂钟每天比电视快 3 分钟。于是,她认为新手表的时间是标准的。下面几个对婧婧推断的评价中,哪一个是正确的?( )

A. 由于新手表比挂钟慢 3 分钟,而挂钟又比标准时间快 3 分钟,所以婧婧的推断是正确的,她的新手表上的时间是标准的。

B. 新手表当然是标准的,因此,婧婧的推断也是正确的。

C. 婧婧不应该拿她的手表与挂钟对照,而应该直接与电视上的标准时间对照,所以婧婧的推断是错误的。

D. 婧婧的新手表比挂钟慢 3 分钟,是不标准的 3 分钟;而挂钟比标准时间快 3 分钟,是标准的 3 分钟。这两种"3 分钟"是不一样的,因此,婧婧的推断是错误的。

E. 无法判断婧婧的推断正确与否。

## 120. 关税

一个城镇需要很多好马,于是出高价收购,但是路上设置了 5 个关口向贩马人收取重税。关口规定每次从贩马人手中收取所运马匹数量的一半作为关税,然后再返还一匹。一位贩马人赶着自己的马匹前来卖马,过了 5 个关口,却一匹马也没有损失。

请问:你知道这是为什么吗?他带了几匹马?

## 121. 吹牛

有一群人在聊天,一个人总是喜欢吹牛,他说:"我昨天刚发明了一种液体,无论是什么东西,它都可以溶解,这是世界上最好的溶剂,我明天就去申请专利,我很快就要发财了。"别人感觉很惊讶,虽然不信,但是却不知道如何反驳。这时一个小孩子说了一句话,那个人立刻傻眼了,谎言不攻自破。

请问:你知道小孩是怎么说的吗?

## 122．聪明的孩子

小明的妈妈是化学老师。一天，小明来到实验室做作业，做完后想出去玩。

这时小明的妈妈叫住他。"等等，妈妈还要考你一道题。"她接着说，"你看，这有 6 只用来做实验的玻璃杯，前面 3 只盛满了水，后面 3 只是空的。你能只动 1 只玻璃杯，就使盛满水的杯子和空杯子间隔起来吗？"爱动脑筋的小明是学校里有名的"小机灵"，他只想了一会儿就做到了。

请问：你知道他是怎样做的吗？

## 123．数字间的关系

爱因斯坦是个大科学家，一次，他在纸上写了这样一串数字：

1、3、7、8

2、4、6

5、9

并告诉大家，每行数字中都有一个相同的规律。然后他请了很多知名的数学家来解答这个问题。遗憾的是，没有一个数学家得到正确的答案。

最后是一名小学生无意中看到了这个题目，很快就知道了答案。

请问：你能猜出这三组数字间有何种关系吗？

## 124．错乱的号牌

某日，某饭店里来了三对客人：两个男人，两个女人，还有一对夫妇。他(她)们开了三个房间，门口分别挂上了带有标记"男男""女女""男女"的牌子，以免互相进错房间。但是爱开玩笑的饭店服务员却把牌子巧妙地调换了位置，弄得房间里的人和牌子全对不上号。

在这种混乱的情况下，据说只要敲一个房间的门，听到里边的一声回答，就能全部搞清楚三个房间里的人员情况。

请问：要敲的该是挂有什么牌子的房间？

## 125．聪明的聋哑人

有个卖西瓜的老人在一间危房里避雨休息。一位聋哑人看见房子要塌了，就去告诉老人，可老人不懂他的手势。这位聋哑人突然想到了一个好办法，使老人跟着他跑出了危房。

请你猜一猜，他用的是什么方法？

## 126．唐朝人的计谋

唐僖宗年间，蜀中盗贼横行，为害乡里，老百姓怨声载道。崔安潜出任西川节度使，决心下大力气进行治理。他到任之后，并不忙着部署人员抓捕盗贼，而是先从府库中拿出了一大笔钱，分别堆放在西川三个大城市的繁华市集上，并在钱上悬挂告示："凡有能提供线索协助官府捕获盗贼者，即赏五百串钱。盗贼之间，凡能将同伙解送到案者，不仅赦免原先的罪行，赏赐也和普通人一样。"

你知道这招高明在哪里吗？

## 127．裁员还是减薪

在金融危机中，我们经常听到的名词就是"减薪"和"裁员"，那么企业在面临艰难的困境时，到底是应该选择裁员还是选择减薪呢？两者会对企业产生怎样的影响呢？

如果你拥有一家公司，这家公司正面临着资金不足的情形，就快没有足够的钱给雇员发放薪水了，这时候你有两种选择：一是每人减薪 15%；二是开除 15%的雇员。

你会选择怎么做呢？

## 128．排队买麻花

去年秋天，我去了一趟重庆，那是我第一次到重庆。在去之前，朋友告诉我，到重庆一定要去磁器口转转。我在饭店安顿好之后，马上就去了磁器口。刚到就看到有一条长龙似的队伍，我顿时感觉很兴奋，不知道是什么东西这么吸引人。

不过，我远远地就闻到了麻花的香味。走近一看，果不其然，这么多人是在买麻花。其中，陈麻花店前的队伍最长，因此，我也就顺势排到队伍里面去了。

百无聊赖中，就把这个场景拍了下来。

终于轮到我的时候，正好熟麻花卖完了，我只能等下一锅。不过为了这个口福，我也只能忍受了。当然，我把麻花作为礼品送给家人的时候，听到他们的赞扬，我还是蛮高兴的。

这次经历给我的最大感触是，下次买麻花再也不排队了，随便找一家就好，因为各家的口味都差不多。更让我伤心的是，在当地长大的一个朋友看了我的照片之后告诉我，我买的并不是正宗的陈麻花，而隔壁那个没有人排队的陈麻花才是正宗的，当地人都在那家买。

请问：那家冒牌的陈麻花为什么会招揽那么多顾客呢？

## 129．聪明的弟子

苏格拉底的三个弟子曾向他请教这样一个问题：怎样才能找到理想的伴侣？

苏格拉底并没有正面回答他们，而是让他们三人走进麦田，从一头出发到另一头，中途只许前进，不许后退。其间他们可以摘取一株麦穗，但仅有一次机会。最后比一下谁摘的麦穗最大。田地里的麦穗有大有小，有挺拔光鲜的，也有低矮瘪空的，所以三人必须想好该如何作出自己的选择。

第一个弟子先行。他想：只有一次机会的话，那么一旦看到又大又漂亮的麦穗，我就应该立刻摘取它，这样绝对不会留下遗憾。这样想着，没走几步，这个弟子就发现一株既饱满又漂亮的麦穗，于是兴奋地将其摘到手，心中的得意也无以复加。然而好景不长，继续前进时，他发现前面有许多比他手中的麦穗更大、更漂亮的，但他已经没有机会了，心情转瞬跌到了低谷，只能无奈又遗憾地走完了剩下的路程。

轮到第二个弟子时，因为有第一个弟子的前车之鉴，于是他想：麦田里的麦穗这么多，一开始看见的肯定不是最好的，后面一定有更好的，所以我不能急着摘取，机会只有一次，要谨慎再谨慎。带着这样的想法，他也开始了行程。

刚开始时，他果然也发现了又大又美丽的麦穗，但他忍住了没摘，他相信后面一定会看见更好的，于是继续前行。一路上他又发现了不少优秀的麦穗，他依然没有下手，每一次他都想，后面会有更好的，不能急，要谨慎。就这样直到走到田地尽头，他的手中还是空空如也，他已经错过了所有的好麦穗，然而却已经无法回头了，只好随手摘了一株普通的麦穗。

第三个弟子最聪明，他看到前两个人的惨淡收场，暗暗决定要吸取他们的教训。你知道他是如何做的吗？

## 130．奇怪的比赛

爸爸给哥哥和弟弟分别买了一辆跑车，从此两人开始疯狂地飙车比赛。爸爸为此感到十分头痛。有一天，爸爸想了一个好主意，对两个儿子说："现在你们俩人进行一次赛车，但是和以往的规则不同，晚到的那辆车的车主将获得胜利，奖励是一次出国旅游的机会。"爸爸以为这样就可以阻止他们飙车，没想到比赛一开始两兄弟的车速比以前更快了。你知道这是为什么吗？

## 131. 相等的两块蛋糕

小明过生日的时候，妈妈给他买了一个长方形蛋糕，小明很喜欢吃，切掉了长方形的一块(大小和位置随意)。吃饱了以后，来了两位小朋友，小明决定把剩下的蛋糕分成两块给两个小朋友吃。可是这两个小朋友互不相容，一定要求他们两人分得的蛋糕大小要相等。小明该怎样才能直直地一刀下去，将剩下的蛋糕切成大小相等的两块呢？

## 132. 测量任务

数学课上，老师正在教学生们如何测量，希望能够借此提高学生们的数学能力。他向学生解释说，大多数东西都能被测量。随后老师布置了家庭作业，要求学生们自己完成一些测量任务，并进行计算，如计算面积、温度、重量等。总之，凡是大家经常接触的东西都可以去测量。第二天，检查家庭作业时，老师发现明明的作业本上写着一些奇怪的数据。

7+10=5　　9+7=4　　8+17=1
6+8=2　　4+11=3　　5+7=12

老师大为恼火，把明明叫过来："你是怎么计算的？6道题只做对了1道！"

但是明明却坚持认为自己是正确的，并作出了解释。听完解释后，老师不得不承认这些答案是正确的。

你知道这是为什么吗？

## 133. 单价

在街头一个刻字先生的摊子前有这么一则广告：刻"行楷"2角，刻"仿宋体"3角，刻"你的名字"4角，刻"你爱人的名字"6角，那么，他刻字的单价是多少钱呢？

## 134. 组织踢球

每到临近过年的时候,在外地上学的同学们从全国各地纷纷回到老家。这时候便有好踢足球之人希望将很久没有见面的同学们叫到一起踢一场足球。一场正规的足球比赛需要双方各 11 人,不过同学之间的不正规比赛,双方各有 4~5 人就可以进行了。也就是说,组织者只需要叫齐 8~10 人就行。

然而还有一个难题,这些同学对是否能够组织起这么多人没有信心,所以很可能会推脱。

请问:作为一个高明的组织者,有什么技巧可以快速又有把握地组织好一个球队呢?

## 135. 逃避关税

美国海关已有数百年的历史,蓄谋逃避海关管理条例,简直比登天还难。

但有个进口商却明知山有虎,偏向虎山行。

在当时,进口法国女式皮手套得缴纳高额进口税,因此,这种手套在美国的售价极高。那个进口商跑到法国,买下了一万副最昂贵的皮手套。随后,他仔细地把每副手套都一分为二,将其中一万只左手套发运到美国。

进口商一直不去提取这批货物。他让货物留在海关,直到过了提货期限。

凡遇到这种情况,海关会将此作为无主货物拍卖处理。于是,这一万只舶来的左手套全都被拿出来拍卖了。

由于一整批左手套毫无价值,所以这桩生意的投标人只有一个,就是那位进口商的代理人,他只出了一笔微不足道的钱就把它们全部买了下来。

这时，海关当局意识到了其中的蹊跷。他们晓谕下属：务必严加注意，一定还会有一批右手套船到，一定要将其扣押。

请问：进口商该用什么办法得到剩余的一万只手套呢？

## 136．流放犯人

1790—1792 年，英国政府经常需要将犯人流放到澳大利亚，两国之间的距离大概是 17000 千米。在当时的技术条件下，这段航程要花费 3~4 个月的时间。当时英国政府的做法是，雇用一些商船来运送这些犯人。开始的时候，英国政府会在起航前，根据这次运送犯人的数量，把钱先支付给商船。

由于这单生意给商船带来的回报不菲，商船也会积极地运送犯人。但是，后来问题就显现出来了——船主和水手会虐待犯人，致使大批流放人员死在途中(葬身大海的事件经常发生)。在这种策略实行了 3 年之后，英国政府发现用商船运送犯人到澳大利亚的死亡率非常高。

面对这种情况，英国政府该怎么办？

第一种选择，政府不再使用私人商船，而是自己买船或者造船，自己出水手来开船，并派军队来保证船的安全。在这样的策略下，必然能保证犯人的生命安全，降低死亡率，但是会大幅度地增加成本。成本之大是英国政府无法承担的。

第二种选择，政府采用惩罚的策略。比如，规定每死一个人，对商船罚款多少钱。这会得到怎样的结果呢？商船会把犯人死亡的风险算进去，并告诉政府犯人死亡的风险其实还是挺高的，从而把这个死亡风险加到他的要价中去，通过向政府要高价来规避死亡的风险。对政府来说，这实际上还是需要增加成本的。

除此之外，政府还有什么好办法吗？

## 137．如何选择

这是某世界著名公司招聘员工的测试题。

在一个雨夜，你驾驶一辆车，经过你熟悉的小镇。你看到有三个人在焦急地等车，他们分别是医生、女郎和老人。对你而言，医生对你有过救命之恩；而女郎，你对她倾慕已久，她也对你有好感，你希望与她深入相处；最后是老人，他重病在身，需要马上去医院。此时，公交车已经没有了，漆黑的夜不可能有其他车经过，而你的车只能捎带一人上路。你应该带上他们中的哪一个？

## 138．老人与小孩

一位老人在一个小乡村里休养，但附近却住着一些十分顽皮的孩子，他们天天互相追逐打闹，叽叽喳喳的吵闹声使老人无法好好休息。在屡次警告未果的情况下，老人灵机一动想出了一个办法，终于孩子们不吵了。
你知道他是怎么做的吗？

## 139．思维误区

有两个人，一个人脸朝向东，另一个人脸朝向西。请问：至少需要几面镜子，才能使这两个人相互看得见对方？

## 140．如何暂时减薪

年底，某公司陷入财政危机。几番周转不灵之下，公司领导层决定暂时对员工实行减薪措施，待摆脱危机后再恢复工资。然而，公司领导层又担心这一举动会遭到员工的抵制，造成人心离散的不良后果，最终将得不偿失。

请问：如何才能让员工心甘情愿地接受暂时减薪呢？

## 141．语言的力量

在一次讲演中，一位著名演说家向一群青年学生提出忠告：要注意自己说话时的一言一词，因为语言具有无穷的力量。

这时，一位听众举手表达他的不同意见："当我说幸福、幸福、幸福时，我并不觉得有什么快乐；当我说不幸、不幸、不幸时，我也不会因此而倒霉。因此，我认为语言只是我们使用的一种很普通的工具，并没有所谓的无穷的……"

如果你是这位演说家，你会如何做才能说服这名学生呢？

## 142. 最聪明的小偷

一个农夫进城卖驴和山羊。山羊的脖子上系着一个小铃铛。三个小偷看见了,第一个小偷说:"我可以偷到他的羊,还能叫农夫发现不了。"

于是,第一个小偷悄悄地走近山羊,把铃铛解了下来,拴到了驴尾巴上,然后把羊牵走了。农夫四处环顾,发现山羊不见了,就开始寻找。

这时,第二个小偷说:"我能从农夫手里把驴偷走。"

于是,第二个小偷走到农夫面前,问他在找什么。农夫说他丢了一只山羊。

小偷说:"我见到你的山羊了,刚才有一个人牵着一只山羊向这片树林里走去了,现在还能抓住他。"

农夫恳求小偷帮他牵着驴,自己去追山羊。

第二个小偷趁机把驴牵走了。

第三个小偷说:"这都不难,我能把农夫身上的衣服全部偷来。"

另外两个小偷不相信,可是最聪明的第三个小偷真的做到了。你知道他是怎么做的吗?

## 143. 钢琴辅导

张老师开有一个钢琴辅导班,专门辅导小孩弹奏钢琴。

最近,受大局势的影响,各种物品都开始纷纷涨价,张老师也打算涨学费。

于是,他对头一个来接孩子的家长说道:"下次开始,学费要涨了。"

这位家长听到要涨学费,一皱眉,心中有些不高兴。

张老师又接着说:"因为小孩越弹越好,要教比较高级的。"

家长一撇嘴:"得了吧,我在家听孩子弹,弹来弹去还是那么烂。"

结果自然是不欢而散,这位家长甚至直接给孩子办了退班手续。

张老师该怎么做才能既涨学费,又不会让家长退班呢?

## 144. 摆火柴

小明很喜欢用火柴摆各种图形,用 3 根火柴很容易就能摆一个等边三角形。现在有 6 根火柴,可以摆成 4 个一样的等边三角形吗?怎样摆?

## 145. 字母数列

只要认真观察,你就会发现很多东西都是有规律的。比如下面这些字母,表面看上去它们是毫无规律的,其实它们是按照某种特定的顺序排列的。

你能找出它们的规律并能填写"?"处的字母吗?
(1) O, T, T, F, F, S, S, E, ?
(2) J, F, M, A, M, ?
(3) F, G, H, J, K, ?
(4) Q, W, E, R, T, ?

## 146. 去世年龄

一个人在公元前 10 年出生,在公元 10 年的生日前 1 天去世。
请问:这个人去世时是多少岁?

## 147. 上八层

一天,小明和小芳一起爬楼梯,小明从一楼爬到四楼用了 48 秒。那么请问,以同样的速度,他从一楼爬到八楼需用多少时间?

## 148. 新款服装

某服装店新进了一批最新款式的服装,很受欢迎。于是,经理决定提价 10% 进行销售。涨价之后,顾客急剧减少,服装开始滞销,于是经理又不得不作出降价 10% 的决定。有人说服装店瞎折腾,涨了 10% 又降了 10%,价格又回到原价位;有人说服装店不会干赔钱的事,实际上价格高了;也有人说服装店自作聪明,实际上是赔了钱。

你说呢?服装店现在的价格比原来的售价高了、低了还是没变?

## 149. 两只蜗牛

两只蜗牛进行百米赛跑。甲蜗牛到达终点线时,乙蜗牛才跑了 90 米。现在如果让甲蜗牛的起跑线退后 10 米,这时两蜗牛再同时起跑。若两只蜗牛的速度都不变,请问:甲、乙两蜗牛是否能同时到达终点?

## 150. 赛跑比赛

小狗、小兔子、小马和小山羊在进行百米赛跑。当小狗和小兔子比赛,小狗跑到终点时,小兔子还差 10 米到终点;当小兔子和小马比赛,小兔子到终点时,小马还差 10 米到终点;当小马和小山羊比赛,小山羊跑到终点时,小马还差 5 米到终点。那么现在小狗和小山羊比赛,谁先到终点?另一个还差几米到终点?

## 151. 餐费

甲、乙、丙、丁四个小朋友一起去春游,他们之中,甲、乙、丙三个人都带了午餐,丁走得急没有带。在吃午饭的时候,大家把自己所带的东西都拿了出来,甲带了 7 个面包,乙带了 5 个面包,丙带了 4 个面包。他们四个人在一起平分了这些面包。第二天,丁的妈妈给了丁 8 元钱,要他把这些钱分给甲、乙、丙三个人,作为前一天的饭费。按照公平原则,他应给甲、乙、丙三个人每人各多少钱呢?

## 152. 灯的编号

小明家有 100 盏灯,把这一批灯编号为 1~100,然后全部将开关朝上,置于开灯的状态,接着把灯依次进行以下操作。

凡是 1 的倍数,反方向拨一次开关。

凡是 2 的倍数,反方向又拨一次开关。

凡是 3 的倍数,反方向又拨一次开关。

……

依此类推。

请问:最后为熄灭状态的灯的编号是哪些?

## 153. 希腊老师的辩术

有一天,两个学生去请教他们的希腊教师。问道:"老师,究竟什么叫诡辩呢?"

希腊老师看看两名学生,想了一会儿,说:"我先给你们出个问题吧。有两个人到我这里做客,一个很爱干净,一个很脏。我请他们两个洗澡,你们想想,他们两人中谁会洗呢?"

在这个问题中,无论两名学生回答什么答案,老师都可以否定他们,从而教会他们什么是诡辩。

请问:你知道老师是怎么说的吗?

## 154. 打棒球的男孩

有个小男孩头戴球帽,手拿球棒与棒球,全副武装地在校园里的棒球场上进行练习。

"我是世上最伟大的打击手。"他满怀自信地说完后,便将球往空中一扔,然后用力挥棒,却没打中。

他毫不气馁,继续将球拾起,又往空中一扔,然后大喊一声:"我是最厉害的打击手。"他再次挥棒,可惜仍是落空。

他愣了半晌,然后仔仔细细地将球棒与棒球检查了一番。

之后他又试了第三次,这次他仍告诉自己:"我是最杰出的打击手。"然而他这一次的尝试还是挥棒落空。

但是转念一想,他又非常高兴地跳了起来。

请问:你知道他为什么这么高兴吗?

## 155. 聪明的禅师

佛教《金刚经》中最后有四句话:一切有为法,如梦幻泡影,如露亦如电,应作如是观。

有一天,佛印禅师登坛说法,苏东坡闻讯赶来参加,座中已经坐满听众,没有空位了。禅师看到苏东坡时说:"人都坐满了,此间已无学士坐处。"

苏东坡一向好禅,马上机锋相对回答说:"既然此间无坐处,那我就以禅师四大五蕴之身为座。"

佛印禅师看到苏东坡与他论禅,就说:"学士!我有一个问题问你,如果你回答得出来,那么我老和尚的身体就当你的座位;如果你回答不出来,那么你身上的玉带就要留给本寺,作为纪念。"

苏东坡一向自命不凡,以为必胜无疑,便答应了。

接着,佛印禅师说了一句话,问得苏东坡哑口无言,只好把玉带留在了金山寺。

请问:你知道佛印禅师问的是什么问题吗?

## 156. 法官的妙计

一个牧场主养了许多羊。他的邻居是一个猎户,院子里养了一群凶猛的猎狗。

这些猎狗经常跳过栅栏,袭击牧场里的小羊羔。牧场主几次请猎户把狗关好,但猎户不以为然,口头上答应。可没过几天,他家的猎狗又跳进牧场横冲直撞,咬伤了好几只小羊。

忍无可忍的牧场主找镇上的法官评理。听了他的控诉,明理的法官说:"我可以处罚那个猎户,也可以发布法令让他把狗锁起来,但这样一来你就失去了一个朋友,多了一个敌人。你是愿意和敌人做邻居呢,还是和朋友做邻居?"

"当然是和朋友做邻居。"牧场主说。

"那好,我给你出个主意。按我说的去做,不但可以保证你的羊群不再受骚扰,还会为你赢得一个友好的邻居。"法官如此这般交代一番。牧场主连连称是。

请问:你知道法官给他出的什么好主意吗?

## 157. 对画的评价

从前,有一名美术系的学生,精心画了一幅画,并认为自己完成得十分完美。

但是他仍然想知道别人对画的评价,于是他便将画放到了图书馆的门前并且在画旁放了一支笔,附上说明:每一位观赏者,如果认为此画有欠佳之笔,均可在画中做记号。

晚上,这名学生取回了画,发现整个画面都涂满了记号。没有一笔一画不被指责。他十分不快,对这次尝试深感失望。

这时一个老人路过,看到了事情的经过,就对学生说:"你何不换种方法试试呢?"于是老人给学生出了一个主意。学生照做之后,果然收到了意想不到的效果。

请问:你知道老人给学生出的是什么好主意吗?

## 158. 抓住机会

作为学生,我最害怕在课堂上回答问题,而且我发现周围的同学也和我一样。

每次上课的时候,当教授提问时,我总是习惯把头低下去,生怕教授的眼光扫到自己。

一次外语课上,一位来自商业银行的专家讲演。做讲演的人总是希望有人配合自己,于是他问道,教室内有多少学经济的同学?可是没有一个人响应。

但我知道,我们当中很多人包括我自己都是学经济的,可是由于怕被提问,大家都沉默着。专家苦笑了一下说,"我先暂停一下,讲个故事给你们听。我刚到美国读书的时候,在大学里经常有讲座,每次都是请华尔街或跨国公司的高级管理人员来讲演。讲演的人都是一流的人物,在他们面前说话就意味着机会。当你的回答令他满意或者吃惊时,很有可能就预示着他会给你提供更多的机会。"这是一个很简单的道理。但是那么多人去听讲演,如何才能获得有限的几次机会呢?你有什么好办法吗?

## 159. 一百元

一天,杂货店里来了一位顾客,挑了25元的货,顾客拿出100元。店主没零钱找不开,就到隔壁的店里把这100元换成零钱,回来找给了顾客75元零钱。

过了一会儿,隔壁的老板来找店主,说刚才给的是假钱,店主马上给隔壁的老板换了一张真钱。

请问:这个店主赔了多少钱?

## 160. 如何表达

甲、乙两位信徒都酷爱吸烟。

甲问神父:"我祈祷时可以吸烟吗?"

神父说:"那怎么行?"

没有办法,甲只好忍住自己吸烟的欲望。

这时,乙也想吸烟。他对神父说了一句话,神父就答应他可以吸烟了。

请问:你知道他是如何和神父说的吗?

## 161. 测量金字塔

世界闻名的金字塔,是古代埃及国王们的坟墓。这些建筑雄伟高大,形状像个

"金"字,故而称为金字塔。它的底面是一个正方形,塔身的四面是倾斜着的等腰三角形。2600多年前,埃及有位国王,请来一位名叫法列士的学者测量金字塔的高度。

按照当时的条件,你知道该怎么计算吗?

## 162. 标点符号

请试着在下面的三段文字里加入适当的标点符号,使三段文字能读通。
(1) 是不是不是是不是不是是不是是
(2) 是是不是不是不是是是不是不是是
(3) 不是是不是是不是是是不是是不是不是是

提示:可以设计成某一场景下两个人之间的对话,只要可以说得通,符合场景要求即可。

## 163. 割草的男孩

一个替人割草打工的男孩打电话给一位陈太太说:"您需不需要割草?"
陈太太回答说:"不需要了,我已有了割草工。"
男孩又说:"我会帮您拔掉花丛中的杂草。"
陈太太回答:"我的割草工也做了。"
男孩又说:"我会帮您把草与走道的四周割齐。"
陈太太说:"我请的那人也已经做了,谢谢你,我不需要新的割草工人。"
男孩便挂了电话,此时男孩的室友问他说:
"你不是就在陈太太那儿割草打工吗?为什么还要打这电话?"
请问:你知道男孩为什么要打这个电话吗?

## 164. 两家小店

　　学校里有两家粥店，学生们上过晚自习，常常是筋疲力尽，这时候喝点香甜的粥，吃两口清淡的小菜，然后入睡，实在是很好的享受。因此，这两家小店生意都不错。左边店和右边店每天的顾客相差不多，经常是人来人往。我也是其中的常客。

　　然而晚上结算的时候，左边这家店总是比右边那家多出百十元钱来。天天如此。有一天我听见右边店老板抱怨，于是也很好奇，所以这次我就留了心。我先走进了右边的那个粥店。

　　服务员微笑着把我迎进去，给我盛好一碗粥，问我："先生，要不要加鸡蛋？"我说好的。于是她便给了我一个鸡蛋。

　　经过我细心观察，每进来一个顾客，服务员都会问同样的一句话。顾客中有说加的，也有说不加的，大概各占一半。

　　接着，我又走进了左边那个粥店。

　　服务员同样带着微笑把我迎了进去，给我盛好一碗粥，问了我一句话，我就知道他们店的收入为什么会比另一家店要好了。

　　请问：你知道这是为什么吗？

## 165. 怎样把水烧开

　　一位青年满怀烦恼地在寻找一位智者。他大学毕业后，曾豪情万丈地为自己树立了许多目标，可是几年下来，依然一事无成。一天，他来到一个小山村，听说村里的学校里有一名德高望重的老师，是远近闻名的智者，于是他便去拜访。

　　他找到智者时，智者正在校内小屋里读书。智者微笑着听完青年的倾诉，对他说："来，你先帮我烧壶开水！"

　　青年看见墙角放着一个极大的水壶，旁边是一个小火灶，可是没发现柴火，于是便出去找。他在外面拾了一些枯枝回来，装满一壶水，放在灶台上，在灶内放了些柴火便烧了起来。可是由于壶太大，那捆柴火烧尽了，水也没开。于是他跑出去继续找柴火，等找到了足够的柴火回来，那壶水已凉得差不多了。

　　这回他学聪明了，没有急于点火，而是再次出去找了些柴火。由于柴火准备得充足，水不一会儿就烧开了。

　　智者忽然问他："如果没有足够的柴火，你该怎样把水烧开？"

　　青年想了一会儿，摇摇头。

　　请问：你知道该怎么做吗？

## 166. 房间路线

这是一幅从办公室上方看到的平面图。你能只转向两次就通过所有的房间吗？

## 167. 划割路线

如下图所示，在一个院子里住了三户人家，每户人家正对着的大门就是自己家的门。

原来大家都是好邻居，但是后来因为一些小事吵了起来，所以三家决定各修一条小路通向自己家的大门，但是又不与其他两家的路有交叉。

请问：你有什么办法可以做到？

## 168. 改变方向

移动最少的火柴,让鱼往反方向游。

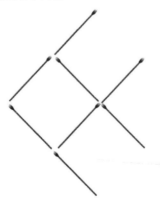

## 169. 酒杯与球

用 4 根火柴可以分别摆成两个小"酒杯"样。"杯"中放个"球"。不论哪只酒杯,只要移动 2 根火柴,就可以使"酒杯"中的球放在"杯"外。你试试看。

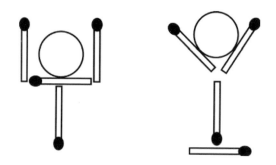

## 170. 9根火柴

取9根火柴,将其排成一行,其中只有1根头朝上。

现在要求每次任意调动7根,到第4次时所有的火柴头都要朝上。试试看,你能做到吗?

## 171. 土地面积

一个财主家里有一块地,形状如下图所示。他有三个儿子,儿子长大后,财主决定把地分成三份给三个儿子。

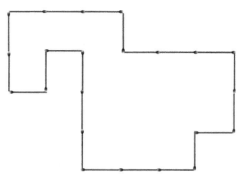

但是,这三个儿子关系不和,要求每个人的地不仅面积一定要一样大,连形状也得相同。

请问:该怎样分呢?

## 172. 小明过河

小明家门前有一条小河，呈直角形(见下图)，河宽 3 米。小明想要去河的对面，但是家里只有两块正好也是 3 米长的木板，手中又没有其他工具可以将这两块木板接起来。

请问：小明怎么才能过这条河呢？

## 173. 休闲服和工作服

某公司年终举行新年酒会，一共有 88 名员工参加。他们可能穿工作服，也可能穿休闲装。现在知道的是：任何 5 名员工中，都至少有 1 名员工是穿休闲装的。那么，你是否可以算出，最多有多少名员工穿了工作服？

## 174. 新同学

小明的班级新转进两名同学，这两个人相貌几乎相同，出生日期相同，连父母亲的名字都相同。但当别人问他们是不是双胞胎的时候，他们却异口同声地说："不是！"

请问：你知道他们是什么关系吗？

## 175. 报纸

小明买了一份报纸，他从这份报纸中抽出一张，发现第 8 页和第 21 页在同一面上。根据这个，你能否说出这份报纸一共有几页？

## 176．五个齿轮

小明买了一个劣质手表，里面有5个组合的联动齿轮(见下图)，每个齿轮的齿数都标在旁边。如果转动1号齿轮两圈，5号齿轮会转动几圈呢？

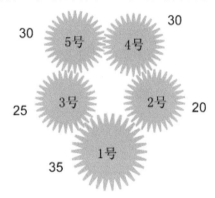

## 177．切去四角

一个正立方体，切去一个面的四个角后，还剩多少个角？多少个面？多少条棱？

## 178．鸡的重量

"这两只鸡一共重20斤"，小贩说，"小的比大的每斤贵2角钱。"一名顾客花了8元2角买了那只小的，而另一名顾客花了29元6角买了那只大的。

请问：两只鸡各重多少斤？

## 179．是不是平手

击鼠标比赛现在开始！参赛者有拉尔夫、威利和保罗。拉尔夫 10 秒能击 10 下鼠标；威利 20 秒能击 20 下鼠标；保罗 5 秒能击 5 下鼠标。以上各人所用的时间是这样计算的：从第一击开始，到最后一击结束。

请问：他们是否打平手？如果不是，谁最先击完 40 下鼠标？

## 180．正前方游戏

(1) 两个人在一起玩，A 说：我在 B 的正前方。B 说：我在 A 的正前方。这两个人是什么位置关系？

(2) 三个人在一起玩，A 说：B 在我的正前方。B 说：C 在我的正前方。C 说：A 在我的正前方。这三个人是什么位置关系？

(3) 四个人在一起玩，A 说：B 在我的正前方。B 说：C 在我的正前方。C 说：D 在我的正前方。D 说：A 在我的正前方。这四个人是什么位置关系？

## 181．四兄弟分家

有一个老员外，他有四个儿子，但是他们之间的关系不好。老员外死了以后，四个儿子闹分家。所有值钱的东西都分完了，还有一个正方形的菜园让他们伤透了脑筋。这个菜园形状如下图所示。

中间一点为菜园的中心，在菜园的一侧有四棵果树。四个儿子都想公平地分这个菜园，也就是说，需要大小形状都完全一样，而且每个人都能分到一棵树。

请问：该如何分？

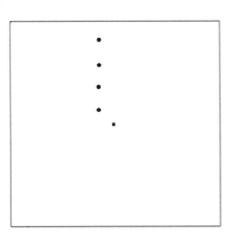

## 182. 五色药丸

有五个外表一样的药瓶，里边分别装有红、黄、蓝、绿、黑五种颜色的药丸。这些药瓶上面都没有标签，从外面看不出里面药丸的颜色，而且每个药瓶里的药丸都是同一种颜色的。

现在由甲、乙、丙、丁、戊五个人来猜这五个药瓶里药丸的颜色。

甲说：第二瓶是蓝色的药丸，第三瓶是黑色的药丸。

乙说：第二瓶是绿色的药丸，第四瓶是红色的药丸。

丙说：第一瓶是红色的药丸，第五瓶是黄色的药丸。

丁说：第三瓶是绿色的药丸，第四瓶是黄色的药丸。

戊说：第二瓶是黑色的药丸，第五瓶是蓝色的药丸。

事实上，当我们检查的时候发现：这五个人都只猜对了一瓶，并且每个人猜对的颜色都不同。

请问：每瓶分别装了什么颜色的药丸？

## 183. 什么关系

一天，警察小张在街上看到局长带着个孩子，于是和局长打招呼："王局长，这孩子是您的儿子吗？"王局长回答说："是的。"

小张又问小孩："孩子，他是你父亲吗？"

孩子回答："不是。"

两个人都没有说谎，你知道这是怎么回事吗？

## 184. 奇怪的打架

一位警察在路上执勤，这时跑过来一个小孩子，对警察说："不好了，你儿子的爸爸和你爸爸的儿子打起来了，你快去看看吧！"

请问：这是怎么回事，难道是自己打自己？

## 185. 吹牛

张三和朋友吹牛说："有一次，我和朋友去非洲旅行。和朋友打赌，蒙着眼睛在一条只有一米宽、两边都是悬崖的小路上走 100 米。结果我一点都不慌张，一步步走完并取得了胜利。"朋友笑笑说："少吹牛了，那有什么难的，连小孩子都能做到！"

请问：你知道朋友为什么这么说吗？

## 186．打麻将

李主任带着自己的同事王主任回家,看到小明正在看电视,就问他:"你吃饭了吗?"小明说:"你爸爸和我爸爸都去打麻将了,根本没有人给我做饭。"王主任问李主任:"这小孩子是谁?"李主任说:"他是我儿子。"

请问:小孩提到的两个人分别是李主任的什么人?

## 187．双胞胎

两个小孩一前一后地走着,每人手里拎着一袋糖果。有人看到俩人长得很像,就问前面的那个人:"你们是双胞胎吗?""是的。""后面那个是你的弟弟吧?""是的。"他又问后面的那个人:"前面那个是你的哥哥吗?""不是。"

请问:这到底是怎么回事呢?

## 188．戏弄秀才

一个秀才带着书童赴京赶考。途中帽子掉了,书童提醒说:帽子落地(第)了。秀才一听很生气,打了书童一顿,说:"笨蛋!不准说落地,要说及地!"

书童很生气,想戏弄秀才一下,于是帮他把帽子捡起来,然后牢牢地系在了秀才的头上,说了一句话,顿时把秀才气了个半死。

请问:你知道他是怎么说的吗?

# 第四章

# 机智幽默

## 189. 奇怪的举动

小明拿着两本书来到柜台前,工作人员说:"请付 20 元。"小明交完钱后转身离开了,可是并没有拿那两本书。当然他肯定不是忘记了。你知道这是为什么吗?

## 190. 吹牛的将军

有一个经历过第一次世界大战的将军,逢人便吹嘘自己在战场上多么英勇,立下了多少赫赫战功。

每当有人去他家中时,他就会自豪地给他们说起自己在浴血奋战年代的光辉历史,还拿出一枚英女王亲自颁发的金质勋章,上面刻着:

铁血英雄:颁给在第一次世界大战中战功显赫的 Gateway 将军——伊丽莎白 1917 年。

他解释说,那是他在欧洲战场上的一次著名战役后获得的。他带领一个师,在 14 天内击溃了敌人三个师的猛烈进攻。死伤虽然惨重,却有效地阻止了敌人的汇合,为盟军增援部队的赶到争取了时间。这一战决定了协约国的最后胜利。

一次,一位朋友一眼就听出了这个事并不可能。

你知道哪里出了问题吗?

## 191. 潮涨潮落

"五一"期间,皮皮一家去海边游玩。他第一次看到海,充满了好奇,特别是看到涨潮落潮时,简直看得入了迷。他很想知道,涨潮时每小时海水上涨了多少。于是,他想了一个办法,在大游轮的船舷边上放下一条绳子,绳子上系有 10 个红色的手帕,每两个相邻的手帕相隔 20 厘米,绳子的下端还特地系了一根铁棒。放下时,正好最下面的一个手帕接触到水面。

涨潮了,皮皮赶紧跑去看绳子上的手帕,并带上表计时。

请问:他能测出潮水每小时涨多少厘米吗?

## 192. 转硬币

有两枚同样大小的硬币,一枚固定在桌面上,另一枚绕着它旋转。那么,外面的硬币在从初始位置到绕着固定硬币转一圈又回到初始位置的这个过程中,自转了几周呢?

## 193. 不低头的阿凡提

阿凡提的聪明机智是出了名的。财主巴依经常吃他的亏,因此总想着要报复一下他。一天,巴依邀请阿凡提来自己家中吃饭。但是他把自己家的房门一米高的位置钉上一块横木板,他想这样的话,阿凡提进门的时候就可以向自己低头了。不一会儿阿凡提来赴宴,看到了门上钉的横木板,就知道了巴依的心思。于是他用一种巧妙的方式过去了,并没有向巴依低头。

你知道阿凡提是怎么做到的吗?

## 194. 邮箱钥匙

王先生在外地出差,突然接到家中妻子的电话,称自己家门前的邮箱钥匙被他带走了。正好这几天有一个很重要的信要到,妻子希望王先生能把钥匙送回来。可是王先生公事没有做完,还要在外地耽搁一个星期。终于他想到了一个好主意,可以把钥匙放在信封里,邮寄给妻子。可是过了两天,信到了以后,妻子打电话来说她还是打不开邮箱。

你知道这是为什么吗?

## 195．新建的地铁

某市的第一条地铁建成通车了。首日运行这天，地铁工程师在给乘坐地铁的人们讲解地铁的情况："我们这条线路，大约有 800 米是没有铁轨的。"大家一听都吓坏了，疑惑地问："那不是很危险吗？"地铁工程师笑着对大家说："没关系的，大家不用担心。"

你知道到底是怎么回事吗？为什么地铁有几百米没有铁轨还没有危险呢？

## 196．买镜子

小明的妈妈想买一面可以照到全身的穿衣镜，你知道她该买个至少多高的镜子吗？

## 197．倒水

啤酒瓶大家都很熟悉，现在有一个装满水的啤酒瓶，想把里面的水倒出来。下面有四种方法，你认为哪种方法倒水的速度最快？

(1) 瓶口朝下，直立放置，静等水流出。
(2) 瓶口朝下，直立放置，上下用力晃动。
(3) 瓶口朝下，倾斜放置，静等水流出。
(4) 瓶口朝下，倾斜放置，规律地旋转摇动。

## 198．数字时钟

大家都知道，数字时钟是由三个数字来表示时、分、秒的。一般用 hh:mm:ss 来表示。那么请问：从中午 12 点到凌晨 23 点 59 分 59 秒这段时间内，时、分、秒三个数字相同的情况会出现几次？分别是什么时候？

## 199．平分油

有两个不规则但大小、形状、轻重都完全一样的塑料油壶，一个油壶中装有大半壶油，另一个油壶是空的。在没有称量工具的情况下，如何用最简单的办法把这些油平分？

## 200．调钟

小明家有一个老式摆钟，一到夏天的时候就走时很准确，可一到冬天，它就会变快。这是怎么回事呢？

## 201. 聚会的日期

有三个人是好朋友，他们经常一起聚会。可是这三个人都有怪脾气：甲只在晴天和阴天可以出去，下雨天绝对不出去；乙只在阴天和下雨天出去，晴天绝对不出去；丙只在晴天和下雨天出去，阴天绝对不出去。请问：这三个人能聚会吗？

## 202. 聪明的长工

有一个地主对长工很刻薄，总是想尽办法克扣他们的工钱。一次，又到了该发工钱的时候了。地主对长工们说："只要谁能说出一件我从来没有听过的事情，我不但把工钱发给他，还多给他 200 两银子。但是如果他说的这件事我听说过，那就对不起了，工钱没收。"

一个长工说："我听说山后一户人家养了一只会下金蛋的鸡，这只鸡每天都会下一个拳头大的金蛋。"

地主嘿嘿一笑说："这不算啥，我还亲自去见过呢！你的工钱没收了！"

这时一个聪明的长工想出了一个好办法，说了以后，地主不得不说："是的，我没有听说过。"说完就把工钱和 200 两银子给了他。你知道这个聪明的长工是怎么说的吗？

## 203. 借据回来了

一次张三借给了李四 10 万元钱，写好了借据，签上了名字。规定借款期为一年，年利息为 10%。但是张三不小心当天就把借据弄丢了，他非常着急：如果李四知道张三把借据弄丢了肯定不会还这笔钱的。张三只好找好朋友王五帮忙。王五想了想，叫张三给李四写一封信，李四接到信后，不久就把自己向张三借过钱的证据寄给了张三。你知道张三是怎么做到的吗？

## 204. 倒硫酸

大家知道硫酸有强烈的腐蚀性，所以在倒的时候需要格外小心。一次，小明需要 5 升硫酸，但是实验室里只有一个装有 8 升硫酸的瓶子，这个瓶子上有 5 升和 10 升两个刻度。请问：他该如何准确地倒出 5 升硫酸呢？

## 205. 国王的难题

一次，国王过生日，给众臣提出一个难题：大家前来祝寿，不能空着手来，也不能带东西来。这个自相矛盾的要求让大家都傻了眼，不知道该怎么办好。这时，一个聪明的大臣想出了一个好主意，并受到了国王的夸奖。请问：你知道他想出的是什么主意吗？

## 206. 怎样取胜

战场上，两军厮杀，到最后只剩下了四个人。其中一人是甲方的将军，他力大无穷，武艺超群。另外三个人都是敌方的副将，三人武艺都不俗。单打独斗，甲方的将军肯定会获胜，但是以一人之力对战三人，却是必死无疑。这时，甲方的将军突然想到了一个好主意，最终他轻松地打败了三名敌军的副将，取得了胜利。

请问：你知道他是怎么做到的吗？

## 207. 盲人分衣服

有两个盲人，各自买了两件一样的黑衣服和两件一样的白衣服，可是他们把这些衣服放混了，但是不久他们没有经过任何人的帮助就自己把这些衣服分开了。

请问：你知道他们是怎么做到的吗？

## 208. 牙医

一个牙疼的病人去镇上唯一的一家牙科诊所就诊。诊所里只有两名医生，一个有一口好牙，另一个的牙齿很糟糕。

请问：如果你是病人，你会找他们两个谁为自己看病？

## 209. 挑选建筑师

一个国王要为自己建一座宏伟的城堡，于是他找来国内的五名著名建筑师，想从中选择一位最出色的人负责这个项目。可是国王对五人的能力一无所知，而五名建筑师对相互的情况却很了解。

请问：国王他该怎么挑选建筑师呢？

## 210. 奇怪的时间

在我们生活的地球上，有这样一个地方，在这里，无论我们把钟表调成几点几分，都是正确的时间。

请问：这个地方在哪里？

## 211. 体重

你现在的体重是 50 公斤，如果你到了珠穆朗玛峰的峰顶，那么你的体重是会变大、变小还是不变呢？

## 212. 比萨斜塔

小明去参观著名的比萨斜塔，回来之后给同学们展示他站在斜塔旁边的照片。可是同学们怎么看也看不出照片中的塔哪里是斜的，就算有地面和小明在旁边做对照，仍然看不出塔是倾斜的。

请问：你知道这是怎么回事吗？

## 213. 捆绑思维

如果有：

1=5

2=25

3=125

4=625

那么

5=？

答案不是 3125。

## 214．不可思议的答案

你能想象在什么情况下，8加上10等于6吗？

## 215．禁止通行

两个村子之间只有一座小桥可以通过，但是由于两个村子之间有世仇，所以村长禁止两个村子的村民互相来往。于是，他们在桥的中间设了一个关卡，由一名村民负责看守。

通过整座小桥至少需要10分钟，而看守大部分时间待在屋子里，只是每隔7分钟会出来看一次，如果发现有人想通过小桥到对岸去，就会把他叫回来，禁止他通过。

可是有一天，一名村民要去另一个村子办事，他需要怎样做才能顺利地通过这座小桥呢？

## 216. 通过桥梁

战场上，双方激战正酣。其中的一方为了能够尽快取得最后的胜利，就派出了威力强大的炮兵协助作战。可当炮车队要通过一座桥梁时，却发现桥头立着的一块石碑上醒目地写着这座桥的最大载重量是 25 吨。可每辆炮车的重量都是 10 吨，再加上 20 吨重的大炮，其重量明显超过了桥的载重量。该怎么办呢？就在所有人都一筹莫展的时候，参谋长却突然想到了一个可行的方案。按照他的这个想法，炮车队很快就开过了这座桥，并协助自己的军队取得了最后的胜利。

请问：参谋长是如何使炮车和大炮顺利地通过桥梁的呢？

## 217. 谁在谁前面

小明是个胖子，想要开始跑步，于是选定了楼下 400 米的操场。操场上经常有长跑运动员训练。有一天，小明又去跑步。

一会儿，小张从外面回去，对经理说："小明在那个专业运动员后面跑。"

过了一会儿，小李说："他被那个运动员落了很远的距离。"

又一会儿，小王说："接下来的一段时间，小明会跑在运动员前面。"

请问：这是怎么一回事？

## 218. 商品中的发散思维

日本有一厂家生产瓶装味精，质量好。瓶子内盖上有 4 个孔，顾客使用时只需甩几下，很方便。可是销售量一直徘徊不前。全体职工费尽心机，销售量还是不能大增。后来一位家庭主妇提出了一个小建议。厂方采纳后，不费吹灰之力便使销售量提高了近四分之一。

请问：你知道这个小建议是什么吗？

## 219. 机智的老板

有三个小偷，偷了一颗价值连城的钻石，他们在如何保管赃物上达成协议："在钻石未兑成现款之前，由三人一起保管，须三人同时同意方可取出钻石。"一天，他们来到浴室洗澡，便把装钻石的盒子交给老板，并吩咐：要在三人同时在场时，方可交回盒子。在洗澡时，丙提出向老板借把梳子，并问甲、乙是否需要，二人都说："需要。"于是丙到老板那里，向老板索取盒子，老板拒绝了。丙向老板解释，是另外二人要他来取的，并大声对甲、乙喊："是你们要我来取的吧？"甲、乙还以为是说梳子一事，就随口应道："是的。"老板听后无话可说，便把盒子交给了丙。丙带着盒子逃走了。甲、乙二人等了好久也不见丙回来，感到事情不妙，忙来到老板处取盒子，发现盒子已被丙骗走了，于是揪住老板要求赔偿。老板说是征得你们二人同意的，二人坚持说丙问的是梳子，并且三人也没同时在场。甲、乙非要老板交回盒子。正僵持不下，老板灵机一动，说了一句话，二人听了，只得垂头丧气地走了。

请问：你知道老板究竟说了句什么话吗？

## 220. 判决

一对夫妇结婚后生了一个孩子，没几年，夫妻关系越来越不好，最后不得不离婚。但他们都不想要孩子，而都想争夺房产。二人互不相让，最后只好对簿公堂。

法官知道就算把房子和孩子的抚养权交给同一个人，也无法保证孩子能够得到好的待遇。他想了很久，终于想出一个好办法。

请问：你知道是什么办法吗？

## 221. 松赞干布和文成公主(1)

唐朝的时候，唐太宗将文成公主下嫁吐蕃国君松赞干布，这是历史上的美谈。

据说在决定嫁出文成公主之前，曾有来自各地的 4 位少数民族使者请求唐太宗将文成公主嫁给他们的国君。唐太宗十分为难，为求公平，他出了 5 道难题让各国使者来比赛，哪国使者赢了，公主就嫁给该国国君。吐蕃国君松赞干布的使者禄东赞是其中一位使者。

其中有道难题是这样的：太监拿来一颗孔内有 9 道弯的"九曲明珠"，让大家分别用一根很细的丝线穿过去。各位使者不停地用手去穿线，丝线一直穿不过去。只有禄东赞办到了。

请问：你知道他是怎么做的吗？

## 222. 松赞干布和文成公主(2)

唐朝的时候，唐太宗，将文成公主下嫁吐蕃国君松赞干布，这是历史上的美谈。

据说在决定嫁出文成公主之前，曾有来自各地的 4 位少数民族使者请求唐太宗将文成公主嫁给他们的国君。唐太宗十分为难，为求公平，他出了 5 道难题让各国使者来比赛，哪国使者赢了，公主就嫁给该国国君。吐蕃国君松赞干布的使者禄东赞便是其中一位使者。

其中有道难题是这样的：马厩的两边各关 100 匹母马和 100 匹小马。太监要使者们轮流辨认出每匹小马的妈妈。

使者们将栅栏打开，让小马到母马堆里，认为小马总是对母马会比较亲近。但是，事实并不如此，因为母马看也不看小马一眼，小马也自顾自地玩耍。许多使者只好根据马身上的花纹随便乱猜乱配。

这次，又是禄东赞做到了。你知道他是怎么做的吗？

## 223. 颠倒是非

什么东西能够颠倒左右却不能颠倒上下？为什么？

## 224. 灯泡的容积

发明家爱迪生曾经有一个名叫阿普顿的助手，他毕业于普林斯顿大学数学系，又在德国深造了一年，自以为天资聪明，头脑灵活，甚至觉得比爱迪生还强很多，处处卖弄自己的学问。

有一次，爱迪生把一只梨形的玻璃灯泡交给了阿普顿，请他算算容积是多少。阿普顿拿着那个玻璃灯泡，轻蔑地一笑，心想："想用这个难住我，也太小看我了！"阿普顿拿出尺子上上下下量了又量，还依照灯泡的式样画了一张草图，列出一道道算式，数字、符号写了一大堆。他算得非常认真，脸上都渗出了细细的汗珠。

过了一个多钟头，爱迪生问阿普顿算好了没有。阿普顿边擦汗边说："办法有了，已经算了一半多了。"

爱迪生走过来一看，阿普顿面前放着许多草稿纸，上面写满了密密麻麻的等式。

爱迪生微笑着说："何必这么复杂呢？还是换个别的方法吧！"

阿普顿仍然固执地说："不用换，我这个方法是最好、最简便的。"

又过了一个多钟头，阿普顿还低着头列算式。爱迪生有些不耐烦了，马上用一个非常简单的办法就做到了。你知道他是怎么做的吗？

## 225．最简单的方法往往最有效

传说在古罗马时代，一位预言家在一座城市内设下了一个奇特难解的结，并且预言："将来解开这个结的人必定是亚细亚的统治者。"这个结引来了许多人，大家都想打开这个结，以表明自己的实力可以统治亚细亚。但是，这个被称为Gordian的结长久以来却无人能解开。

当时身为马其顿将军的亚历山大也听说了有关这个结的预言，于是专门跑到这个城市，想打开这个结。

但是，亚历山大用尽了各种方法都无法打开这个结。最后，他用了一个最简单的办法就把结打开了。你知道他是如何做的吗？

## 226．罗浮宫失火

法国一家报纸曾经刊登过这样一个问题："如果法国最大的博物馆罗浮宫失火了，情况非常紧急，你只能抢救出一幅画，你会抢救哪一幅？"

如果是你，你怎么回答这一问题呢？

## 227．圣经

哥哥和弟弟玩藏东西游戏。哥哥说："我把一张百元钞票藏在了咱家书架上那本《圣经》的第49页、第50页之间了。"弟弟一听，马上否定了哥哥说的话。

你知道弟弟为什么这么肯定吗？

## 228．被小孩子问倒了

上大学时，我去一位教授家拜访。教授有两个孙子，一个六岁，一个八岁。我经常给这两个孩子讲故事。

一次，我吓唬他们说："我会一句魔法咒语，能把你们俩全变成小猫哦。"

没想到他俩一点儿也不怕，反而很感兴趣地说："好啊，把我们变成小猫吧！"

我只好支吾道："可是……变成小猫后就没法变回来了。"

小的那个孩子还是不依："没关系的，反正我要你把我们变成小猫。"

大的那个孩子说道："那你把这句咒语教给我们吧！"

我答道："如果我要告诉你们咒语是什么，我就把它念出声了，你们就变成小猫了。而且不光是你们两个会变成小猫,所有听到的人都会变成小猫,连我自己也不例外。"

小的那个孩子说:"那可以写在纸上嘛!"

我答道:"不行,不行,就算只是把咒语写出来,看到的人也会变成小猫的。"

他们似乎信以为真,想了一会儿觉得没意思了就去玩别的了。

如果你是这个孩子,你会怎么反驳我呢?

## 229. 我被骗了吗

在我上小学的时候,有件事情困惑了我很久,并让我从此迷上了逻辑。那天是4月1号愚人节,一大早我哥哥就过来对我说:"弟弟,今天是愚人节,我要好好骗你一回,做好准备吧,哈哈。"

我从小就很争强好胜,所以那一整天我都提防着他,不想被他成功骗到。

但是直到那天晚上要睡觉了,哥哥都没有再和我说过一句话,更别说骗我了。妈妈看我还不睡,问我怎么了。

我把早上的事情说了一下,妈妈就把哥哥叫来说:"你就别让弟弟等着不睡觉了,赶快骗一下他吧。"

哥哥回过头问我:"你一整天都在等着我骗你吗?"

我:"是啊。"

哥哥:"可我没骗吧?"

我:"是啊。"

哥哥:"这不得了,我已经把你给骗到了。"

那天晚上,我在自己的床上翻来覆去想了很久,我到底有没有被骗呢?

## 230. 我有撒谎吗

大学快要毕业的时候，我在外面四处投简历求职。有家公司的销售部门给了我一个面试机会。面试的时候，他们向我提了很多问题，其中有一个是："你反感偶尔撒一点谎吗？"

天地良心，我当时明明是反感的，尤其是反感那些为了销售成绩而把产品瞎吹一气的推销员。可是转念一想，如果我照实回答"反感"的话，这份工作肯定就吹了。所以我撒了个谎，说了声："不。"

面试完后，在骑车回学校的路上，我回想面试时的表现，忽然这么问了自己一句：我对当时回答面试官的那句谎话反感吗？我的回答是"不反感"。咦，既然我对那句谎话并不反感，说明我不是对一切谎话都反感，因此，面试那会儿我答的"不"并不是谎话，反而是真话啦！

事到如今，我还是不清楚当时算不算撒了谎。

你说我到底有没有撒谎呢？

## 231. 打破预言

一天，一位预言家和他的女儿发生了争吵。女儿大声说道："你是一个大骗子，你根本不能预言未来。"

预言家争论道："我当然能预言未来，不信我现在就可以证明给你看。"

女儿想了一下，在一张纸上写了一些字，然后把这张纸折起来压在一本书下面，说道："我刚在那张纸上写了一件事，它在10分钟内可能发生，也可能不发生。请你预言一下这件事究竟会不会发生，在这张卡片上写下'会'或'不会'。如果你预言错了，你明天要带我去吃冰激凌好吗？"

预言家一口答应："好，一言为定。"然后他在卡片上写下了他的预言。

如果你是这个女儿，你该写个什么问题使自己获胜呢？

## 232. 判断材质

两个空心球，大小及重量相同，但材料不同。一个是金，一个是铅。空心球表面涂有相同颜色的油漆。现在要求在不破坏表面油漆的条件下用简易的方法指出哪个是金的，哪个是铅的。

## 233. 八个三角形

想要用两根火柴拼出八个三角形，不准把火柴折断。你能做到吗？

## 234．买到假货

有个人在商场里买了几瓶酒，结果回家发现其中有两瓶是假酒。那人第二天找了电视台的人一起去商场理论，但是商场认为那人不能证明这两瓶假酒是这个商场卖出去的，所以不予赔偿。那人很委屈，但最后也无可奈何。

如果你是那名顾客，你要如何为自己证明呢？

## 235．如何拍照

拍集体照大家都知道，最难的就是大家的眼睛问题：几十个人，甚至上百个人，"咔哒"一声照下来，要保证所有人都是睁眼的还是有些难度的。闭眼的人看到照片自然不高兴：我90%以上的时间都是睁着眼，你为什么偏给我拍一张没精打采的照片，这不是损毁我的形象吗？

一般摄影师喊"1……2……3！"但坚持了半天以后，有人恰巧在喊"3"的时候坚持不住了，上眼皮找下眼皮，又是闭目状。

可有一位摄影师很有经验，他用一种特别的方法，照片洗出来以后，一个闭眼的人都没有。

你知道他是怎么做的吗？

## 236．不会游泳

有一个人想渡河，他看到河边有很多船夫等着，就问道："在你们中哪位会游泳？"

船老大们围上来，纷纷抢着回答道："我会游泳，客官坐我的船吧！""我水性最好，坐我的船最安全了！"

其中只有一位船老大没有过来，只站在一旁看着。要过河的那人就走过去问："你会游泳吗？"

那个船老大不好意思地答道："对不起客官，我不会游泳。"

谁知要过河的那人却高兴地说道："那正好，我就坐你的船！"

其他船老大非常不满，就问："他不会游泳，万一船翻了，不就没人能救你了吗？"

你知道渡河的人是怎么说的吗？

## 237. 蚂蚁和蜘蛛

一个长方体的房间,长和宽都是 10 米,高为 3 米。一只蚂蚁在地板正中央,一只蜘蛛在天花板正中央。蚂蚁爬到蜘蛛的地方最近需要多少米?蜘蛛爬到地板正中央最近需要多少米?

## 238. 回敬

孔融小时候非常聪明,很多人都当面夸他。一次,一位眼红的官员却打击他说:"很多小时候聪明的人,长大了以后就不怎么样了。"小孔融马上回敬了一句话,就让对方满面羞愧。

你知道孔融说了什么吗?

## 239. 岳父的刁难

小董去女友家看望未来的岳父岳母,准岳父对这个女婿很满意,但想难为他一下,就对他说:"我女儿夸你很聪明,如果你能说出青海湖共有几桶水,我就不要彩礼把女儿嫁给你;否则,我就要再考虑考虑了。"小董女友听了爸爸的话,很为小董捏一把汗,这个问题可不好回答。但是小董眨眨眼睛很快说出了个让准岳父满意的答案。

你知道小董是怎么回答的吗?

## 240. 擦皮鞋

有一次，一位记者看见美国林肯总统在自己擦自己的皮鞋，便非常吃惊地赞扬道："总统先生您真是太伟大了，您经常擦自己的皮鞋吗？"

你知道林肯是怎么回答的吗？

## 241. 反驳

一场可怕的暴风雨过后，一位大腹便便的暴发户对旁边的哲学家阿里斯庇普说道："刚才我一点也没害怕，而你却吓得脸色苍白。你还是一个哲学家呢，真是不可思议。"

你知道阿里斯庇普是如何反驳的吗？

## 242. 哲学家的智慧

古希腊哲学家苏格拉底的妻子是有名的悍妇，动辄对人大骂不已。有一次妻子大发雷霆，当头向苏格拉底泼了一盆脏水。苏格拉底无可奈何，诙谐地说："雷鸣之后免不了一场大雨。"别人嘲笑他说："你不是最有智慧的哲学家吗？怎么连老婆都挑不好？"

你知道他是怎么回答的吗？

## 243. 骑不到的地方

儿子和爸爸坐在屋中聊天。儿子突然对爸爸说："我可以骑到一个你永远骑不到的地方！"爸爸觉得这不可能，你认为可能吗？

## 244. 反问

俄国有位著名的诗人叫马雅可夫斯基。有一次，他戴着一顶破帽子外出，遇到几个游手好闲的人嘲笑他："喂，你脑袋上的那个东西是什么玩意？是帽子吗？"

马雅可夫斯基看了他们一眼，反问了一句话，顿时说得他们哑口无言。

你知道他说了什么吗？

## 245. 乌戴将军的幽默

有一次，乌戴将军受邀参加德国某空军俱乐部举行的招待空战英雄的宴会。宴会中，一位年轻的士兵在斟酒时，一不小心将酒洒在了乌戴将军的秃头上。

顿时，这个士兵悚然，不知道等着他的将是什么命运。而会场也一下子寂静了下来，人们预感到这里将要发生一场不小的地震。然而，出人意料的是，乌戴将军却悠悠然，轻抚了一下士兵的肩头，幽默地说了一句话，使会场又恢复了一片热闹的景象。你知道将军说的是什么吗？

## 246．报复

一艘轮船在海上航行了几个月，准备返航。船长和大副因为一些小事闹得很不融洽。这天，大副喝醉了，恰好又轮到和船长一起写航海日志。只见船长毫不客气地写道："今天大副大醉。"大副一看非常恼火，决定伺机报复。于是在轮到他写航海日志的那一天，他在日志上写下了七个字来报复船长。

你知道他写的是哪七个字吗？

## 247．大名鼎鼎

盖达尔是俄罗斯著名的经济学家和政治家，还曾担任过总理职务，他也是一名知名作家。一次，盖达尔在旅行时，被一名学生认了出来，便抢着替他提皮箱。学生看到他的皮箱已经破旧得不成样子了，便问他："先生您大名鼎鼎，为什么用的皮箱却这么随随便便呢？"盖达尔笑了笑，说了一句话。

你知道他是怎么说的吗？

## 248．灵机一动的回答

俄国大作家普希金年轻的时候，有一次参加一个公爵的家庭舞会。他邀请一位女士跳舞，这位女士却傲慢地说："我不能和小孩子一起跳舞！"普希金灵机一动，微笑着说了一句话就化解了尴尬。

你知道他是怎么说的吗？

## 249．弹琴

妈妈给妞妞买了一架新钢琴，刚装好，妞妞就兴冲冲地跑过来要弹。妈妈急忙拦住她说："先去洗手。"妞妞不解地问："为什么？"妈妈回答说："钢琴那么白，别弄脏了。"

妞妞不想去洗手，你知道她是怎么辩解的吗？

## 250．染布

阿凡提开了个染坊给乡亲们染布。镇上的法官来找碴儿，拿来一匹布要染。

阿凡提问他要染成什么颜色的,法官说:"我要染的颜色很普通,不是红的,不是黄的,不是蓝的,不是绿的,不是白的,不是黑的,不是紫的,不是灰的。明白了吧!"

阿凡提知道法官是要难为他,于是不动声色地说:"没问题!"

法官很疑惑,怎么连自己都不知道是什么颜色的,阿凡提竟然说没问题呢?

于是法官又问道:"那我什么时候来取呢?"

你知道阿凡提是怎么回答他的吗?

## 251. 学费之讼

在已知的悖论里,关于希腊法律教师普罗塔哥拉的这一个悖论或许是最早的悖论之一。普罗塔哥拉收了一个有才气的穷弟子,答应免费教授,条件是他完成学业又打赢头场官司之后要付给普罗塔哥拉一笔钱。弟子答应照办。有趣的是,等弟子完成了学业之后偏不去跟人打什么官司,游手好闲了很久。为了得到那笔钱,普罗塔哥拉就告了弟子一状,要求弟子马上付给他学费。双方在法庭上提出各自的论点。

弟子:如果我打赢了这场官司,那么根据判决,我不必付学费。如果我打输了这场官司,那么我还没有"打赢头场官司",而我打赢头场官司之前不必向普罗塔哥拉付学费。可见,不论这场官司我是赢还是输,我都不必付学费。

普罗塔哥拉:如果他打输了这场官司,那么根据判决,他必须马上向我付学费。如果他打赢了这场官司,那么他就"打赢了头场官司",因此,他也必须向我付学费。不论是哪种情况,他都必须付学费。

他俩谁说得对?

## 252. 苏格拉底悖论

有"西方孔子"之称的雅典人苏格拉底(公元前 470—前 399)是古希腊的大哲学家,曾经与普洛特哥拉斯、哥吉斯等著名诡辩家观点相对。他建立"定义"以对付诡辩派混淆的修辞,从而大败其对手。但是他的道德观念不为希腊人所容,竟在七十岁的时候被当作诡辩杂说的代表。在普洛特哥拉斯被驱逐、书被焚十二年以后,苏格拉底也被处以死刑,但是他的学说得到了柏拉图和亚里士多德的继承。

苏格拉底有一句名言:"我只知道一件事,那就是我什么都不知道。"

你知道这句话有什么问题吗？

## 253. 全能者悖论

如果说上帝是万能的，他能否创造一块他举不起来的大石头？

## 254. 谷堆悖论

1 粒谷子落地不能形成谷堆，2 粒谷子落地不能形成谷堆，3 粒谷子落地也不能形成谷堆，依此类推，无论多少粒谷子落地都不能形成谷堆。

这个推理有什么问题吗？

## 255. 罗素是教皇

数学家罗素告诉一位哲学家假命题蕴含任何命题。那位哲学家颇为震惊，他说："尊意莫非由 2 加 2 等于 5 能推出您是教皇？"罗素答曰："正是。"哲学家问："您能证明这一点吗？"罗素答："当然能。"

你知道他是怎么证明的吗？

## 256. 奇怪的悖论

下面看同一个人在不同场合说的三句话：

"宇宙这么浩瀚，我却如此渺小，在绚丽无边的宇宙里，我的存在微不足道，我简直什么都不是。"

"我是人类，人类自然要比其他生物高级，因为只有人类具有智慧。"

"天哪，这朵花真是太漂亮了，世界上还有什么东西能比这朵花更动人吗？这是世上最完美的造物！"

通过这三句话，我们能推理出一个什么奇怪的结论呢？

## 257. 飞矢不动

一次古希腊的哲学家芝诺问他的学生："一支从弓射出去的箭是运动的还是静止的？"

学生答道："那还用说，当然是运动的。"

芝诺道："的确如此，这是很显然的，这支箭在每个人的眼里都是运动的。现在我们换个考虑方式，这支箭在每一个瞬间都有它的位置吗？"

学生答道："有的，老师，任何一个瞬间它都在一个确定的位置。"

芝诺问道："在这个瞬间，这支箭占据的空间和它的体积一样吗？"

学生答道:"是的,这支箭有确定的位置,又占据着和它自身体积一样形状大小的空间。"

芝诺继续问道:"那么在这个瞬间,这支箭是运动的,还是静止的?"

学生答道:"是静止的。"

芝诺道:"在这个瞬间是静止的,那么在其他瞬间呢?"

学生答道:"也是静止的。"

芝诺道:"既然每一个瞬间这支箭都是静止的,所以射出去的箭都是静止的。"

芝诺的这一理论到底错在了哪里?

## 258. 白马非马

战国时期,有一天,公孙龙骑着一匹白马要进城。守门的士兵把他拦下来说道:"本城规定,不许放马进城。"

公孙龙心生一计,说道:"我骑的是白马,并不是马,所以可以进城。"

士兵奇怪道:"白马怎么就不是马了?"

公孙龙道:"因为白马有两个特征,一,它是白色的;二,它具有马的外形。但是马只有一个特征,就是具有马的外形。一个具有两个特征,一个只具有一个特征,这两个怎么能是一回事呢?所以白马根本就不是马。"

士兵被说得哑口无言,只好放公孙龙和他的白马进城。公孙龙也因此而成名,成为战国时期"名家"的代表人物之一。

公孙龙的话看上去似乎很有道理,要用两个特征来定义的事物确实不等同于只用一个特征就能定义的事物。可是如果我们接受了"白马非马",那么也能如法炮制地得出"白猫不是猫""铅笔不是笔""橘子不是水果",甚至"男人女人都不是人"等结论来。

那么,公孙龙"白马非马"的论证到底哪里有问题呢?

# 第五章

# 巧猜智解

## 259. 装睡技巧

小明每次装睡的时候都会被哥哥发现,小明觉得很奇怪,就问哥哥原因。哥哥说:"那是因为我有特异功能!"真的是这样吗?

## 260. 盲人买袜子

有两位盲人,他们都各自买了两双黑袜和两双白袜,八双袜子的布质、大小完全相同,而每双袜子都有一张商标纸连着。两位盲人不小心将八双袜子混在了一起。他们怎样才能取回黑袜和白袜各两双呢?

## 261. 巧开资料箱

某地质勘探队有三名队员,每个人都有一个资料箱。由于工作关系,资料不能集中管理,但是每个人的资料箱里都可能有别人需要查对的资料。

这天,三名队员要外出去三个不同的地方勘探。临行前,队长对大家说:"在外出作业期间,我们三个人一起回来是不可能的,如果有队员回来需要查看别人的资料就困难了。"

现在每个人都有两把打开自己资料箱锁的钥匙,怎样才能使任何一个人回来都能打开任意一个资料箱呢?

## 262. 借锄头

甲、乙两个农民是邻居,乙到甲家里去借锄头。甲不想借,又不好意思直接拒绝,就说:"如果你能猜出来我现在在想什么,我就把锄头借给你。"乙非常想借到这个锄头,否则就错过了播种时机。绞尽脑汁之后,他想出了一个绝妙的答案。甲听之后,说了声"对"后,就不得不把锄头借给了乙。

你知道乙说了什么吗?

## 263. 解救女儿

又到了一年收租子的时候了。由于水灾,长工老牛家今年麦子歉收,拿不出麦子交租,便到地主家求情。地主说:"如果我就这么放了你,别人都不给我交租,那我岂不是没有任何办法了?你把你的女儿卖给我顶今年的租子吧!"老牛很爱自己的女儿，誓死不肯把女儿抵给地主，就说："如果这样，不如杀死我。"

地主说："那我给你出道题，你能答出来，就推迟你一年时间交租子。我这里有2个水缸，每个水缸能装7桶水，左边这个已经装满了，右边那个只装了7桶水。拿着这个水桶，只准你用一次，在不搬动水缸的情况下，让右边水缸里的水比左边水缸里的水多。你要是做不到，就让你女儿来我家做工吧，也别说我没有给你机会。"别的长工听到这个题目都觉得老牛这下子完蛋了，因为谁都知道，如果只允许用水桶舀一次的话，那么两个水缸里的水将是 7-1=6 和 4+1=5。后者怎么可能比前者多呢？

在老牛一筹莫展的时候，老牛媳妇儿想出了一条妙计。地主不得不放了老牛的女儿。

你知道她是怎么做到的吗？

## 264．逃避劳动

班里要进行大扫除，老师在课堂上安排每个人的工作的时候，小明在下面起哄说："大扫除不需要那么多人，我家里正好有事，想请一天假。"其他同学也都纷纷效仿，想要逃避劳动。老师看了说："我很想和你们一起劳动的。这样吧，教室里正好有一个放废纸的纸盒箱子，数学课上，我们测量过它是一个长、宽各1米，高1.5米的大箱子。如果你们谁能不用任何镜子和反光的东西，就能看到这个箱子的一面和与之相对的另一面，那他就可以不参加这次的劳动，好不好？"同学们都做不到，只有老师办到了。

你认为有可能吗？

## 265．7个苹果

明明过生日时，家里来了11位同学。明明的爸爸想用苹果来招待这12位小朋友，可是家里只有7个苹果。怎么办呢？不分给谁也不好，应该每个人都有份。

那就只好把苹果切开了，可是又不好切成碎块，明明的爸爸希望每个苹果最多切成4块。

应该怎么分苹果才合理呢？

## 266．分配消毒手套

一所乡村医院接到了一个从传染病区送过来的患有急性肠炎的病人。三位医生轮流上阵给这位病人做手术。因为当时有瘟疫，任何人都有可能带有病毒，所以这个病人和三位医生之间，以及三位医生之间都不能有直接或间接的接触，以防感染。但是，此时医院里只剩下了两双消过毒的手套，怎么做才是最安全的呢？

## 267. 三角形的面积

张三和李四都非常爱打赌。一天他们为了谁请客喝酒而打起了赌。张三用 2 根火柴将 9 根火柴所组成的正三角形分为两部分。如下图所示,问李四①和②这两个图形哪一个面积比较大？李四看了看,觉得上面的面积比较大。

你能用最简单的方法帮李四确定哪个面积大吗？

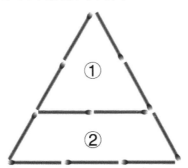

## 268. 分辨男女

一天,小王在街上遇到一个同事 A,同事 A 正在与另外两个人 B 和 C 一起聊天。小王就问他们三人的关系。同事 A 说,我考考你吧,我们三人是亲缘关系,但我们之间没有违反伦理道德的问题。我们三人当中,有 A 的父亲、B 唯一的女儿和 C 的同胞手足。C 的同胞手足既不是 A 的父亲也不是 B 的女儿。

那么,他们中哪一位与其他两人性别不同？

## 269. 巧分座位

一家中有六个兄弟，他们的排行从上到下分别是老大、老二、老三、老四、老五和老六，每个人都和与他年龄最近的人关系不好。例如，老三与老二、老四关系不好。他们围着一个圆形的桌子吃饭，他们一定不会与自己关系不好的人相邻而坐。现在又出了点事情，老三和老五因为一点小事吵了起来，这回安排座位就更难了。

你能帮助他们安排一下座位吗？

## 270. 真假分不清

小李家有三个孩子 A、B、C，他们三人的名字分别叫真真、假假、真假(不对应)，真真只说真话，假假只说假话，而真假有时说真话，有时说假话。

有一个人遇到了他们，于是问 A："请问，B 叫什么名字？" A 回答说："他叫真真。"

这个人又问 B："你叫真真吗？" B 回答说："不，我叫假假。"

这个人又问 C："B 到底叫什么？" C 回答说："他叫真假。"

请问：你知道 A、B、C 中谁是真真，谁是假假，谁是真假吗？

## 271. 逃离食人族

一位探险者去非洲探险，被当地的食人族抓了起来。食人部落有一个传统，就是崇尚聪明的人。于是他们准备了三张纸条，两张上面写着"死"，一张上面写着"生"。然后他们偷偷地将三张纸条扣在三个碗下面，并在碗上分别写了一句话作为提示：第一个碗上写着"选择此碗必死"，第二个碗上写着"选择第一个碗可以活命",第三个碗上写着"选这个碗也会死"。他们告诉探险者,这三句提示中,只有一句话是真的。

如果你是这个探险者,你会选择哪个碗呢?

## 272. 啤酒瓶的容积

爱因斯坦想知道啤酒瓶的容积,如果是空瓶,只要灌满水,用量筒量出水的体积即可。可是手里只有一瓶没有开封的啤酒,里面的啤酒不超过瓶肩的位置。

于是他叫来助手,说:我给你一把普通的尺子,你能量出瓶子的容积吗?

当然不能打开或损坏瓶子(瓶子本身的厚度忽略不计)。助手想了想,竟然做到了,你知道他是怎么做到的吗?

## 273. 聪明程度

1987 年的某一天,伦敦《金融时报》刊登了一则很怪异的竞赛广告。这个广告要求参与者寄回一个 0 到 100 之间的整数,获胜条件是你选择的这个数,最接近全体参与者寄回的所有数的平均值的 2/3。获胜者将获得伦敦到纽约的飞机头等舱的往返机票。

如果你是这个竞赛的参与者,你会选哪个数呢?

## 274. 巧移棋子

王大爷退休在家没事干,每天坐在公园里,在石桌上摆了如下图所示的 10 颗棋子。然后规定:只能移动其中 3 颗,让这 10 颗棋子连成 5 条直线,并且每条线都要经过 4 颗棋子。

你能达到王大爷的要求吗?

## 275．相互提问

一个大人和一个小孩一起做游戏。

大人这样对小孩说："我们来玩一个互相提问的游戏，我问你一个问题，你若答不出，你给我 1 元钱；而你问我一个问题，我答不出，我就给你 100 元钱，如何？"

小孩眨眨眼睛，说："行啊！"

"那你说说我的体重是多少？"大人先问道。

小孩想了一下，掏出 1 元钱给了大人。

轮到小孩提问了，你知道孩子问什么问题才能赢大人吗？

## 276．老虎来临

两个朋友 A 和 B 携手一起去旅行，游历了山川，穿越了河流，奔驰在草原上。最后，他们走进了一片森林。

森林很大，他们走了好几天，似乎有迷路的嫌疑。无奈屋漏偏遭连夜雨，船迟又遇打头风。这个糟糕的时候，他们遇见了一只老虎！

A 从来都比 B 机灵一些，见状立刻从背后取下一双轻便的跑鞋换上。B 急得快疯掉了，想自己先跑又担心 A，见 A 还有时间去换鞋，骂道："你干吗呢？再换鞋你也跑不过老虎啊！"

你知道 A 会如何回答吗？

## 277．偷换概念

有三个人去住旅馆，住三间房，每一间房 10 元钱，于是他们一共付给老板 30 元。第二天，老板觉得三间房只需要 25 元就够了，于是叫伙计退回 5 元给三位客人。谁知伙计贪心，只退回每人1元，自己偷偷拿了2元。这样一来，便等于那三位客人每人各花了9元，于是三个人一共花了27元，再加上伙计独吞了2元，总共是29元。可是当初他们三个人一共付了30元，请问：还有1元哪儿去了呢？

## 278．大小正方形

一天，小明在练习剪纸。妈妈拿出一个大的正方形白纸，要小明用它剪出6个小正方形(不需要同样大小)，但是不能有浪费。聪明的小明很快就做到了，你知道怎么做吗？

## 279．蜘蛛的爬行路线

有一个正方体的屋子，在一个角处有一只蜘蛛，它想爬到对角处那个角上去，你能帮它设计出一条最短的路线吗？

## 280．分割数字

小明家里有一个如下图所示的表盘，上面有1～12十二个数字。一天，爸爸要求小明将这个表盘用直线分割成6部分，使得每一部分上的数字的和都相同。机灵的小明很快就做到了。

你知道他是怎么分的吗？

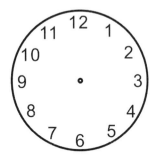

## 281．分配零食

小红的爸爸买了一堆零食回来分给来家里做客的小朋友。第一个小男孩说："小丽喜欢吃话梅。"第二个男生说："我喜欢吃核桃，但我不是明明。"第三个女生说："有一个男生喜欢吃橘子，但不是小新。"第四个女生说："小玲喜欢吃瓜子，但是我不喜欢。"

你能判断出这四个小孩都是谁吗？他们分别喜欢吃什么？

## 282. 关卡征税

有一个商人从巴黎运苹果到柏林去卖。刚刚离开巴黎的时候，他用一辆马车拉着这些苹果，不一会儿到了一个关卡。征税官对他说："现在德、法两国正在打仗，税收比较高，需要征纳所有苹果的 2/3。"商人无奈，只好按规定给了纳税官足够的苹果数。缴完税之后，纳税官又从商人剩下的苹果中拿了一斤，放到了自己的腰包。

商人很生气，但是又无可奈何，只有接着往前走。没走多元，又到了一个关卡。同样，这个关卡的纳税官又从他的车上拿了 2/3 的苹果，外加一斤。之后，商人又经过了 3 个关卡，缴纳了同样的税收和每个征税官一斤的苹果。终于到了柏林，商人把自己的遭遇告诉了他的媳妇，并把最后一斤苹果给了她。

你能帮商人的媳妇算算商人从巴黎出发时，车上有多少斤苹果吗？

## 283. 聪明的匪徒

一群匪徒劫持了一架飞机，准备逃往太平洋上的一座小岛。飞机在飞行的过程中出了点问题，需要减轻一个人的重量才能安全飞行。于是狡猾的匪徒头目命飞机上所有的 19 名匪徒排成一圈，说："现在我们点名，从 1 数到 7，凡点到第 7 名的人可以留下，然后剩下的人继续点名，直到剩下一个人，那个人必须跳下去。"有个聪明的匪徒负责点数，他想救其他人而让头目跳下飞机。

请问：他该从哪里开始点名呢？

## 284. 调整水位

在一个装了很多水的大水缸里浮着一个小塑料盆，小塑料盆里装着一个铁球、一块木头、一小袋子水。请问：现在想要让大水缸的水位有所下降，应该怎么办？
提示：把某样东西取出来放到水里。

## 285. 火柴文字

用8根火柴可以拼成一个"旨"字，现在想把它变成一个"旱"字，请问：最少需要移动几根火柴？

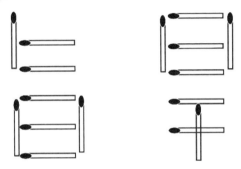

## 286. 种金子

一天，阿凡提借来了几两金子，然后把它们埋在土里，浇了一些水。正好皇帝经过此处，看到了阿凡提奇怪的举动，便上前问道："你在做什么啊？"
"我在种金子。"阿凡提回答说。
"种金子也能收获吗？"皇帝听了很惊讶地问。
"当然可以了，过一个月就可以收割了。"阿凡提回答道。
皇帝很高兴，马上拿出几两金子要和阿凡提合伙种。阿凡提接过来与自己的金子埋在了一起。
过了一个月，阿凡提拿着一斤金子来到皇宫，交给皇帝，说："这是你那份金子的收成。"
皇帝一看，非常高兴，马上从国库中拿出数百斤金子交给阿凡提叫他替自己种金子。
阿凡提收起黄金，出了皇宫就把这些金子全部分给了穷人。
一个月后，阿凡提两手空空地来到皇宫。皇帝问他："我叫你种的金子呢？"
你知道阿凡提是怎么回答的吗？

## 287. 假药

一个人声称自己发明了一种可以让人长高的药,于是他拿去出售。没过多久,就因为卖假药而被抓了。

警察:"有人控告你卖假药,你承认吗?"

罪犯:"我不这么认为。什么叫假药?假药是相对于真药而言的。而我的药是我自己发明的,最多说它疗效不佳,但不能说它是假的。"

请问:罪犯的言论错在哪里?

## 288. 幽默的钢琴家

一位著名钢琴家到某地去演出,结果他发现观众不多,空了很多座位。于是他幽默地说了一句:我猜你们这里的人一定都很有钱。观众都不解其意。钢琴家接着说了一句话,大家都笑了,并为钢琴家鼓起了掌。你知道钢琴家是怎么说的吗?

## 289. 贪吃

夏天的中午,妈妈给小明和弟弟端来一盘西瓜,两人大口大口地吃了起来。小明想取笑弟弟的吃相,于是偷偷地把自己吃剩下的西瓜皮都放在弟弟的面前,然后大声说:"看,弟弟多贪吃,吃剩下那么一大堆西瓜皮。"弟弟看了看小明面前,回了一句话反击小明。你知道弟弟说的是什么吗?

## 290. 巧解尴尬

在一次联合国大会上,英国工党的一位外交官与苏联的外交部部长莫洛托夫发生了争辩。英国外交官拿莫洛托夫的出身来攻击对方:"莫洛托夫先生,你是贵族出身,我家祖辈都是矿工,你说我们两个究竟谁更能代表工人阶级呢?"本来英国外交官是想让莫洛托夫尴尬,没想到莫洛托夫巧妙地回答了一句话,就化解了这个尴尬。你知道他是怎么说的吗?

## 291. 死里逃生

清朝大学士刘墉博学多才,能言善辩。一次,乾隆出题考他,问他"忠孝"两字何解?刘墉答道:"君要臣死,臣不得不死,此为忠;父要子亡,子不得不亡,此为孝。"

乾隆听完刘墉的回答后想刁难他一下,便说:"那我就以君的身份,命你立刻去死吧!"

刘墉一听知道皇帝存心刁难，但又不敢相违，便说道："臣遵命。臣马上去投河。"

过了一会儿，刘墉又回来了。乾隆问他为何还没去死。你知道刘墉怎么回答让他死里逃生的吗？

## 292．巧做应答

当年，中美关系初步缓和的时候，美国前国务卿基辛格第一次来访中国。他问周总理："我们美国人走路总是挺胸抬头，你们中国人为什么喜欢弯着腰呢？"他认为美国人健康、自信、有力量，而中国人多病、无力、缺乏信心。面对这种不怀善意的问题，周总理巧妙地作出了回应，使得基辛格对周总理肃然起敬。你知道周总理说的是什么吗？

## 293．推销作品

英国著名小说家毛姆在成名之前，有段时间生活过得非常艰苦。好不容易出版了一本有价值的新书，可因为种种情况，一直无人问津。

为了吸引人们对这本书的注意，毛姆在报纸上登了一则征婚启事。几天之后，毛姆的书一下子就被抢购一空了。你知道毛姆的征婚启事都写了什么吗？

## 294．保守秘密

罗斯福在当美国总统之前，曾在海军任职。有一次，一位朋友向他打听海军建立潜艇基地的计划。罗斯福神秘地看了看四周，然后压低声音问道："你能保守秘密吗？"朋友拍了拍自己的胸膛并回答道："当然能。"你知道罗斯福是怎么说的吗？

## 295．弥勒佛

一次，纪晓岚陪着乾隆观赏弥勒佛像。乾隆问纪晓岚："这弥勒佛为什么看着我笑？"纪晓岚知道乾隆经常把自己比作文殊菩萨，于是回答道："佛见佛笑。"乾隆听了很高兴，但是又想刁难一下纪晓岚，就说："那弥勒佛为什么看着你也笑？"聪明的纪晓岚马上想出了一句话应对。你知道他是怎么回答的吗？

## 296．善意的批评

一位顾客在某饭店吃饭，饭里沙子很多，顾客不得不经常吐几口在桌子上。服务员见了很不安，非常抱歉地说："沙子不少吧？"顾客大度地摇摇头微笑着说了一句话，表达自己善意的批评。你知道客人是怎么说的吗？

## 297. 不咬人

一个人去朋友家拜访，当走近朋友的住宅时，突然蹿出一条大狗，对着他不停地狂吠。他吓得停住了脚步，朋友闻声走了出来，看见他，连忙说："别怕！你没听说过'爱叫的狗不咬人吗？'"他马上回答了一句话，两个人同时哈哈大笑起来。你知道他说的是什么吗？

## 298. 演讲

一次，英国首相威尔森发表竞选演说，在进行到一半时，突然底下一位反对者大声叫喊道："狗屎！垃圾！"很明显，他是在讥讽威尔森的演说。对此，威尔森微微一笑，平静地说了一句话，机智地化解了这个尴尬的场面，也使反对者哑口无言。你知道威尔森是怎么说的吗？

## 299. 巴尔扎克的幽默

一天夜里，一个小偷溜进了法国大作家巴尔扎克的房间，正准备去撬他的写字台的锁。睡梦中的巴尔扎克被吵醒，见到这个情景不由放声大笑起来。小偷惊慌失措，又觉得莫名其妙，问道："你笑什么？"你知道巴尔扎克是怎么回答的吗？

## 300. 讲故事

一天，阿凡提要去澡堂洗澡，路上被迎面过来的一群孩子围住了。孩子们央求阿凡提："阿凡提，给我们讲个故事吧！"阿凡提急着去洗澡，不肯讲。可是，孩子们怎么也不肯放他走。没办法，阿凡提只好坐下来讲道："一天，阿凡提要到澡堂去洗澡……"刚说到这里，阿凡提就停住了。孩子们赶紧在一旁追问："后来怎么样了？"阿凡提双手一摊开，说了一句话，孩子们就让阿凡提去洗澡了。你知道阿凡提说的是什么吗？

## 301. 化解尴尬

在一次演讲比赛中，一位演讲者刚刚走上讲台，被电线绊了一个趔趄，差点摔倒。这一意外情况引起了台下听众的哄堂大笑。但这位演讲者没有一丝惊慌，而是从容地说了一句话，听众席上响起了热烈的掌声，都为他的机智和应变能力而喝彩。你知道他说的什么吗？

## 302. 纪晓岚应答

一天，乾隆皇帝想捉弄一下纪晓岚，于是问了他两个奇怪的问题：第一，北京九门每天进出各多少人？第二，大清国一年生与死各多少人？你知道纪晓岚是怎么回答的吗？

## 303. 无法入睡

一个人躺在旅馆的床上翻来覆去无法入睡，然后他起身给隔壁房间打了个电话，什么也没说，就挂断了电话。不一会儿他就睡着了。你知道这是为什么吗？

## 304. 移走巨石

古时候，一座山因为大雨而滑坡，一块巨石滚了下来，正好堵住了一条交通要道。正巧，第二天皇帝经过这条路出游，地方官员马上组织人清理巨石。可是这块石头实在太大太重，只能一点点凿开搬走，这就大大地减缓了速度。这样下去，到皇帝出游的时候是不可能完工的。正在这时，一名工人想出了一个好办法，很快就把巨石搬走了。你知道他的办法是什么吗？

## 305. 傲慢的夫人

一次，马克·吐温与一位漂亮的夫人对坐。马克·吐温客气地称赞对方道："您真漂亮！"哪知这位夫人十分傲慢无礼，答道："可惜我实在无法同样称赞你！"马克·吐温马上笑了笑说了一句话来回敬对方。你知道他说了什么吗？

## 306. 让路

一次，诗人歌德在一条只能容一人通过的小路上散步，正巧碰见一位对他很有成见的批评家从对面走来。批评家傲慢地说："我决不给傻瓜让路。"

你知道歌德是怎么样处理的吗？

## 307. 理发师悖论

20世纪初，大数学家罗素提出的"罗素悖论"震动了整个数学界，并触发了"第三次数学危机"。后来罗素把数学公式化的"罗素悖论"改编成通俗的"理发师悖论"，所以现在很多介绍悖论的书都会从这个故事开始。

这个悖论是这样的：

有个小镇里有一位理发师，镇长规定：凡不给自己理发的镇民，必须让这位理发师理发；凡自己理发的镇民，理发师不能给他们理发。这位理发师的生意因此而红火起来。有一天，他看到镜子里的自己头发已经很长了，本能地抓起剪刀想给自己理发，突然想起了镇长的规定：如果他给自己理发，他就违反了规定，因为这是他在给"自己理发的"人理发；如果他找别人理发，他又违反了规定，因为这样他就是"不给自己理发的"人应该让自己来理发。

请问：他到底该怎么办呢？

## 308．发家致富

有个懒汉，不想通过自己的努力来改善生活，只想着通过与人赌博来快速赚到钱。

他在村口摆了个摊位，由于没有作弊的天赋，只好与人猜硬币的正反面。他最开始用一枚硬币，猜正反面，发现由于一枚硬币正反面出现的概率是50%，所以他长时间下来不输不赢。后来他想到一个法子：做三枚硬币，一个一面正面一面反面，一个两面都是正面，一个两面都是反面。把三个硬币放在袋子里，让别人随手来抽两个放在桌子上，不去看它，如果这两个硬币朝上的一面相同的话，这个人可以得到3元奖励，但是如果不同的话，这个人就支付2元钱。

请问：通过这种方法，这个人能致富吗？

## 309．这个字读什么？

"来"前面加个三点水变成"涞"这个字读什么？还是读作来(lái)。那么"去"左边加个三点水，还是读作"qù"吗？

## 310．马克·吐温的道歉

一次，美国著名作家马克·吐温在酒会上一气之下说道："国会中有些议员是婊子养的！"议员们知道之后大为恼火，纷纷要求马克·吐温公开道歉。

不久，马克·吐温接受了议员们的要求，公开登报道歉。但是道歉启事用了新的形式，表达的却还是原来的意思。议员们又一次挨骂了。读者们看后不禁哈哈大笑，感叹作家的机智。

你知道马克·吐温的道歉启事是怎么写的吗？

## 311．以其人之道，还治其人之身

日本古代有一段时期，政府会不定时地发布一种"德政布告"。这个布告一出，人们之间的借贷关系就宣告废除。它的出发点是为了平衡贫富差距，帮助穷人，但实施起来经常会闹不少笑话。

一次，一个四处游历的和尚来到镇上，借住在一家旅馆中。他随身携带一把宝刀，不仅造型美观，而且锋利异常。店主也是个尚武之人，看到宝刀自然喜爱有加，便向和尚借来玩赏一番。和尚不好拒绝，便把宝刀借给了他。

就在这时，政府发布了"德政布告"。店主一看，心生一计，要占有和尚的这把宝刀。店主说："实在不好意思，德政布告发布了，你借我的宝刀现在名正言顺地归我所有了，哈哈！"

这是当时的法律，和尚心中不甘，但也没有办法。突然，他心生一计，对店主说了几句话，店主却转喜为忧，连忙求饶道："我愿意归还宝刀！"

你知道和尚说了些什么吗？

# 第六章

# 随机应变

## 312. 汉诺塔问题

古印度有一个传说：神庙里有三根金刚石棒，第一根上面套着 64 个圆金片，自下而上从大到小摆放。有人预言，如果把第一根金刚石棒上的金片全部搬到第三根上，世界末日就来了。当然，搬动这些金片是有一定规则的，可以借用中间的一根金刚石棒，但每次只能搬动一个金片，且大的金片不能放在小的金片上面。为了不让世界末日到来，神庙众高僧日夜守护，不让其他人靠近。这时候，一个数学家路过此地，看到这样的情景，笑了！

请问：他为什么笑？

## 313. 布袋里的粮食

王阿姨去市场买了 10 斤大米，又替张奶奶买了 10 斤小麦。但是由于只带了一个布袋，所以她将小麦放在了布袋里，然后扎紧，又将大米装在了上面。

她准备回家以后把大米倒出来，然后用布袋把张奶奶的小麦送过去。可是就在王阿姨回家的路上，正好遇到了拿着布袋的张奶奶。

请问：在没有任何其他容器的情况下，怎样才能把各自的粮食装到自己的布袋里？

## 314. 赛跑问题

第一题：
你参加 100 米赛跑，几经辛苦，你终于超过第二名，你现在是第几名？
第二题：(不可以用多过第一题的时间)
你参加 100 米赛跑，跑呀跑，超过了最后一名，你现在是第几名？

## 315. 买烟

甲去买烟，烟 29 元，但他没火柴，就跟店员说："顺便送一盒火柴吧！"店员没给。

乙去买烟，烟 29 元，他也没火柴，最终却从店员那里得到了火柴。

同样的情况，为什么一个人得到了火柴而另一个人却没有得到呢？

## 316. 聪明的男孩

有个小男孩，有一天妈妈带着他到杂货店去买东西。老板看到这个可爱的小孩，就打开一罐糖果，要小男孩自己拿一把糖果。

但是这个男孩却没有任何动作。

几次邀请之后,老板亲自抓了一大把糖果放进他的口袋中。

回到家中,母亲好奇地问小男孩,为什么没有自己去抓糖果而要老板抓呢?

你知道小男孩是怎么回答的吗?他为什么没有自己去抓糖果呢?

## 317. 牙膏

有一家牙膏厂,产品优良,包装精美,深受顾客喜爱。营业额连续10年递增,每年的增长率在10%~20%。可到了第11年,业绩停滞下来,以后两年也是如此。

公司总裁召开高级会议,商讨对策。会议中,公司总裁许诺说:"谁能想出解决问题的办法让公司的业绩增长,重奖10万元。"

有位年轻的经理站起来,递给总裁一张纸条,总裁看完后马上签了一张10万元的支票给了这位经理。

你知道这位年轻的经理想出的办法是什么吗?

## 318. 两根金属棒

小明家有两根外表一样的金属棒,其中一根是磁铁,一根是铁棒。一天,爸爸问小明:能否不用任何工具将它们分辨出来?

## 319. 滚球游戏

古代丹麦有一种滚球游戏,据说现代保龄球就是从它演变而来的。这种游戏玩的时候,将13根木柱在地上站成一行,然后用一只球猛击其中一根木柱或相邻的两根木柱。由于击球者距离木柱极近,玩这种游戏无须什么特殊技巧,即可随心所欲地击倒任一木柱或相邻的两根木柱。比赛者轮流击球,谁击倒最后一根木柱,谁就是赢家。

同瑞普进行比赛的是一位身体矮小的山神,他刚刚击倒了第 2 号木柱。

瑞普可以在 22 种可能性中做出抉择:要么击倒 12 根木柱中的一根,要么把球向 10 个空当中的任意一个投去,以使一次同时击倒两根相邻的木柱。

为了赢得这一局,瑞普应该怎么做才好?假定比赛双方都能随便击倒其中一根或相邻的一对木柱,而且双方都是足智多谋的游戏老手。

## 320. 欧洲篮球锦标赛

在一次欧洲篮球锦标赛上,保加利亚队最后的一场小组赛必须净胜对手 5 分才能确保出线。在比赛即将结束时,对方投中,由保加利亚队开端线球,这时他们只领先对手 2 分。当时的规则还没有 3 分球,时间显然不够了。这时,如果你是教练,你肯定不会甘心认输。如果允许你有一次叫停机会,你将给场上的队员出个什么主意,才有可能赢对手 5 分以上?

## 321. 能承受的重量

(1) 一座桥长 100 米,承重 100.999 斤。一名杂技演员重 99 斤,提了 2 瓶酒,每瓶重 1 斤。此人如何把酒带过桥?

(2) 一座桥长 2 米,承重 2.599 吨,一辆卡车重 2.6 吨。卡车如何过桥?

## 322. 猫的作战路线

这只是一个游戏,鱼是不会动的,但猫要拿到所有的鱼也不是那么简单的。

如下图所示,猫从 1 号鱼的位置出发,沿黑线跑到另一条鱼的位置,最终把鱼统统拿到,一条也不留,而且同一个地方不能去第二次。它该怎么走?

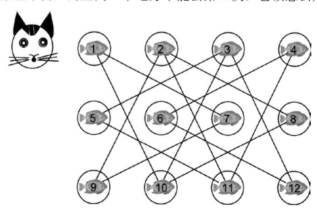

## 323. 迅速答题

(1) 当你从西向东行走，不久向左转270°角行走，再向后转行走，接着又向左转90°角行走，最后又向后转行走。请问：最终你是朝哪个方向行走的？

(2) 在20世纪有这样一个年份，把它写成阿拉伯数字时，正看是这一年，倒过来看还是这一年。请问：这是指哪一个年份？

(3) 用3根火柴要摆成一个最小的数(不许把火柴折断或弯曲)，这个数是多少？

(4) 有一个又高又狭窄的玻璃筒，筒里放着一枚鲜鸡蛋。如果不许把玻璃筒倾斜，也不许用任何夹具把鲜鸡蛋夹起，那么你有什么办法取出鲜鸡蛋？

(5) 英国伦敦某公司采购员杰夫经常出差去法国巴黎，而且每次都是乘坐火车去。有一次，他又要出差去法国巴黎，但他前一半路程是坐飞机去的，这比他平常坐火车去的速度要快8倍；而他后一半路程是坐火车和汽车到达法国巴黎的，速度比他平常坐火车要慢一半。请问：他这一次出差去法国巴黎，是否比他平常坐火车去节省时间？为什么？

(6) 一只走着的挂钟，它在24小时里，分针和时针要重合多少次？

(7) 有一根铁线，如果用钳子把它剪断，它仍然是一根与原来长度相等的铁线。请问：这是一根什么形状的铁线？

(8) 宇航员卡特在乘宇宙飞船进入太空前，正用他所带的自来水笔为来访者签名留念。当他进入太空以后，他正忙着用这支笔写日记。你相信吗？

(9) 有12个人要过河去，河边只有一条能够载3个人的小船。请问：这12个人都过河，需要渡几次？

## 324. 舀酒

一人去酒店买酒,他明明知道店里只有两个舀酒的勺子，分别能舀7两酒和11两酒，却硬要老板娘卖给他2两酒。老板娘很聪明，用这两个勺子在酒缸里舀酒，并倒来倒去，居然量出了2两酒。

你能做到吗？

## 325．桶测油体积

一个人想去店里买 4 升油，可是正巧店里的秤坏了。店里只有一个 3 升的桶，一个 5 升的桶，而且两只桶的形状上下都不均匀。只用这些工具，你能想办法准确地称出 4 升油吗？

## 326．打折的醋

张大娘和李二婶一起去超市买醋，一种 8 斤装的醋在打折，于是她们决定一起买下来然后平分。不过她们手上只有一个 5 斤装和一个 3 斤装的空瓶。两个人倒来倒去，总是分不均匀。这时来了一个小孩，用一种方法很快就把这些醋平分了。你知道他是怎么分的吗？

## 327．两桶白酒

超市里有两桶满的白酒，各是 50 斤。一天，来了两个顾客，分别带来了一个可以装 5 斤酒和一个可以装 4 斤酒的瓶子。他们每人都只买 2 斤酒。如果只用这 4 个容器，你可以给他们两个的瓶子里各倒入 2 斤的酒吗？

## 328．分饮料

小陈有两个小外甥。一天，他带了一瓶 4 升的果汁去看他们，并想把果汁平分给两个孩子。但是他只找到了两个空瓶子，一个容量是 1.5 升，另一个容量是 2.5 升。那么，小陈有什么办法可以用这三个瓶子把果汁平均分配给他的外甥们呢？

## 329．商人卖酒

有一个商人用一个大桶装了 12 升酒到市场上去卖，两个酒鬼分别拿了 5 升和

9升的小桶，其中一个要买1升，另一个买5升。这时，又来了一个人，什么也没拿，说剩下的6升酒连同桶在内他都要了。奇怪的是，他们之间的交易没有用任何其他的称量工具，只是用这三个桶倒来倒去就完成了。你知道他们是怎么做的吗？

## 330．池塘取水

小明家前面有一个池塘，里面有很多水。现在爸爸拿出两个空水壶，容积分别为5升和6升，他想只取3升的水。如何只用这两个水壶就做到呢？

## 331．平分24斤油

张大婶、李二婶和王三婶三人一起去买油。一大桶有24斤，三人打算平分。可是李二婶只带了一个能装11斤油的桶，王三婶的桶能装13斤，又没有秤，三人没法分。这时张大婶又找到一个5斤装的空油瓶。就用这几个容器，张大婶倒来倒去，终于把油分开了。你知道她是怎么分的吗？

## 332．运动会奖杯

有10名同学在运动会中的成绩都是满分，但是奖杯只有一个，所以大家决定用报数的方式来确定奖杯归谁。于是这10名同学站成一排，然后从头起，"1、2、1、2"地报数，凡是报出"1"的都可以离开，最后剩下的那个人就可以拥有奖杯。

那么，几号是最幸运的同学呢？

## 333．天平巧称重

小明家里有140克面粉，他想把它分成有50克、90克各一份。现在他手中只有7克、2克砝码各一只，天平一个，如何只用这些物品3次就能将140克的面粉分成两份？

## 334. 快速作答

(1) 你在什么地方总能找到幸福？
(2) 一个人走进他的花园时，总是把什么先放在里边？
(3) 什么东西越洗越脏？
(4) 什么东西能载得动一百捆干草却托不起一粒沙子？
(5) 什么东西越是打破了越是受人欢迎？
(6) 在早餐时从来不吃的是什么？
(7) 什么东西倒立后会增加一半？

## 335. 天使与魔鬼

天使只说真话，魔鬼只说假话。一个天使和一个魔鬼结婚以后生下了 4 个儿子，其中老大和老三继承了魔鬼的特性，只说假话；老二和老四继承了天使的特性，只说真话。

下面是他们关于年龄的对话。
甲："乙比丙年龄小。"
乙："我比甲小。"
丙："乙不是三哥。"
丁："我是长兄。"
你能判断出他们的年龄顺序吗？

## 336. 家人的年纪

一位女士很年轻，经常有人问她的年龄。女士不愿直接回答，于是说："我儿子的年龄是我女儿年龄的 5 倍，我的年龄是我儿子年龄的 5 倍，我老公的年龄是我年龄的 2 倍。把我们的年龄加在一起，正好是孩子祖母的年龄，今天她正在庆祝 81 岁的生日。"听了这么多，你知道这位女士的儿子、女儿、老公以及她自己到底是多少岁吗？

## 337. 称药粉

现有 300 克某种药粉，要把它分成 100 克和 200 克的两份，如果天平只有 30 克和 35 克的砝码各 1 个，你能不能运用这两个砝码在称两次的情况下把药粉分开？

## 338．手中的火柴棒

四个人在一起玩游戏，这个游戏规则是这样的：有一个人变换着把6根火柴棒握在手中，然后让另外的人猜测他左手中握的火柴棒的根数。

甲猜测说："你手中的火柴棒不是1根就是2根。"

乙说："你手中的火柴棒不是3根。"

丙说："你手中的火柴棒是3根、4根、5根或者6根。"

结果他们中只有一个人的猜测是正确的，那么那个人手中的火柴棒到底有多少根呢？

## 339．yes or no

大家知道，英语中的"yes"是"是的"的意思，而"no"是"不是"的意思。

但是非洲有一个部落，他们的语言却恰好相反。"yes"是"不是"的意思，而"no"是"是的"的意思，其他的单词都和英语是一致的。在这个部落里，你遇到两个人，当你问他们"今天天气好吗？"时，他们的回答是一个说"yes"，一个说"no"。无论怎么问，他们两个的回答总是相反的。你能想想办法，使你提出一个问题后，他们的回答都是"yes"吗？

## 340．字母颜色

依照下图中的逻辑，Z应该是白色还是黑色呢？

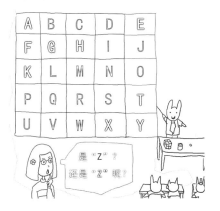

## 341．钱去哪了

小王从老板手中接过来一个信封，上面写着98，里面装着他当天的兼职工资。回学校的路上，小王一共买了90元钱的东西，付款的时候才发现，他不仅没有剩下 8 元，反而差了 4 元。回到家里，他打电话问老板，怀疑是老板把钱发错了。老板说没有错。

请问：这是怎么回事？

## 342．找出错误

做事情不认真，不负责任，就会弄出很多错误。

有人说，这一问题中就有 5 个错误。请问：错误都在什么地方呢？

## 343．变幻莫测的体重

"我最重的时候是 75 千克，可是我最轻的时候却只有 3 千克。"当明明向别人说这件事情的时候，别人都不相信。大家想一想，明明说的这句话有可能吗？

## 344．婚姻问题

有一个人在婚姻问题上下不了决心，不知道如何去选择，于是他想听听算命先生的意见。街上有两个算命先生甲和乙，甲告诉他："我说的话，有 60% 的把握。"乙告诉他："我说的话，有 20% 的把握。"这个人想了想，选择了乙给他算命。

你知道这是为什么吗？

## 345．赢家

一个俱乐部的成员玩一个游戏：从 90 个竖排抽屉里找出藏的东西。大家发现，不管谁上场比赛都赢不了小张。有人问小张时，小张说："我有诀窍。"你能想到他是用什么诀窍赢得比赛的吗？

## 346．汇率空子

从前有 A、B 两个相邻的国家，它们的关系很好，不但互相之间贸易交往频繁，货币可以通用，汇率也相同。也就是说，A 国的 100 元等于 B 国的 100 元。可是一天两国关系因为一次事件而破裂了，虽然贸易往来仍然继续，但两国国王却互相宣布对方货币的 100 元只能兑换本国货币的 90 元。有一个聪明人，他手里只有 A 国的 100 元钞票，却借机捞了一把，发了一笔横财。

请你想一想，这个聪明人是怎样从中发财的？

## 347．将兵游戏

在做游戏时，你是司令，你手下有两名军长、五名团长、十名排长和二十五名士兵，那么请问：他们的司令今年大约多大岁数？

## 348．气压计的故事

很久以前，我接到导师的一个电话，他问我愿不愿意为一个试题的评分做鉴定人。原因是导师想给他的一位学生答的一道物理题打零分，而他的学生则声称应该得满分。这位学生认为如果这种测验制度公平，他一定要争取满分。导师和学生一致同意将这件事委托给一个公平无私的仲裁人，而我被选中了……我来到我导师的办公室，并阅读这个试题。试题是："试说明怎么才能够用一个气压计测定一栋高楼的高度。"

学生的答案是："把气压计拿到高楼顶部，用一根长绳子系住气压计，然后把气压计从楼顶向楼下坠，直到坠到街面为止；然后把气压计拉上楼顶，测量绳子放下的长度，该长度即为楼的高度。"

这是一个有趣的答案，但是这位学生应该获得称赞吗？我指出，这位学生应该得到高度评价，因为他的答案完全正确。另外，如果高度评价这位学生，就可以给他物理课程的考试打高分；而高分就证明这位学生知道一些物理学知识，但他的回答又不能证明这一点……

我让这位学生用 6 分钟回答同一问题，但必须在回答中表现出他懂得一些物理学知识……在最后 1 分钟里，他赶忙写出他的答案，它们是：把气压计拿到楼顶，让它斜放在屋顶有边缘处。让气压计从屋顶落下，用秒表记下它落下的时间，然后用落下的距离等于重力加速度乘下落时间的平方的一半算出建筑物的高度。

看了这个答案之后，我问我的导师他是否让步。导师让步了，于是我给了这位学生几乎是最高的分数。正当我要离开导师的办公室时，我记得那位同学说他还有另外一个答案，于是我问是什么样的答案。学生回答说："利用气压计测出一个建筑物的高度有许多办法。例如，你可以在有太阳的日子在楼顶记下气压表上的高度和它影子的长度，再测出建筑物影子的长度，就可以利用简单的比例关系，算出建筑物的高度。"

"很好，"我说，"还有其他答案吗？"

"有呀，"那个学生说，"还有一个你会喜欢的最基本的测量方法。你拿着气压表，从一楼登梯而上，当你登楼时，用符号标出气压表上的水银高度，这样你可以用气压表的单位得到这栋楼的高度。这个方法最直截了当。"

"当然，如果你还想得到更精确的答案，你可以用一根线的一端系住气压表，把它像一个钟摆那样摆动，然后测出街面和楼顶的 $g$ 值(重力加速度)。利用两个 $g$ 值之差，原则上可以算出楼顶高度。"

如果不限制用物理学方法回答这个问题，你知道还可以怎么做吗？

## 349．聪明的老人

一天，大书法家王羲之路过一家米铺，被热情的店主拦住，央求他给题个字来装点门面。王羲之知道此人的店铺经常以次充好，缺斤短两，坑骗顾客，就当即挥毫写下了一个"恳"字。店主如获至宝，将字挂在店中炫耀。一天，一个秀才路过见了这幅字，微笑着对店主说："这是人家在讽刺你。"经指点，店主才恍然大悟，一气之下将这幅字撕了。

你知道这幅字影射了店主什么吗？

## 350．后生可畏

小男孩问爸爸："是不是做父亲的总比做儿子的知道得多？"
爸爸回答："当然啦！"
如果你是这个小男孩，你会如何反驳爸爸的这句话呢？

## 351．卖梳子

一个公司招聘业务员。面试题目是让他们用一天的时间去推销梳子，向和尚推销。

很多人都说这是不可能的，和尚没有头发，怎么可能向他们推销？

于是很多人就放弃了这个机会。

但还是有三个人愿意试试。

第二天，他们回来了。

第一个人卖了1把梳子，他对经理说："我看到一个小和尚，头上生了很多虱子，很痒，在那里用手抓。我就骗他说抓头用梳子抓，于是我就卖出了一把。"

第二个人卖了10把梳子。他对经理说："我找到庙里的住持，对他说如果上山礼佛的人的头发被山风吹乱了，就表示对佛不尊敬，是一种罪过，假如在每个佛像前摆一把梳子，游客来了梳完头再拜佛会更好！于是我卖出了10把梳子。"

第三个人卖了3000把梳子！
你知道他是怎么卖出去的吗？

## 352. 教子

父亲对小约翰很头疼。

三天两头打架,动不动骂脏话,最可恨的是他压根不喜欢学习。

父亲决定要好好教育一下小约翰。

"你真不知害臊,人家华盛顿在你这么大时,已是顶尖优秀学生了。"

你知道小约翰怎么反驳得爸爸说不出话吗?

## 353. 校长的门

学校大厅的门被踢破了——可怜的门。自从安上那天起,几乎没有一天不挨踢。十五六岁的孩子,正是撒欢的年龄,用脚开门,用脚关门,早已成了不足为奇的大众行为。

教导主任为此伤透了脑筋,他曾在门上贴过五花八门的警示语,什么"足下留情""我是门,我也怕痛",诸如此类。可是,都不管用。他找到校长:干脆,换成铁门——让他们去"啃"那铁家伙吧!校长笑了,说:"放心吧,我已经定做了最坚固的门。"很快,破门拆下来,新门装上去了。

新门似乎很有人缘,装上以后居然没有挨过一次踢。孩子们走到门口,总是不由自主地放慢脚步。阳光随着门扉旋转,灿灿的金色洒了孩子们一身一脸。

穿越门的时刻,孩子们感觉到了爱与被爱的欣幸。

你知道这是为什么吗?

## 354. 习惯标准

晚饭后,母亲和女儿一块洗碗盘,父亲和儿子在客厅看电视。

突然,厨房里传来打破盘子的响声,然后一片沉寂。

儿子望着他父亲,说道:"一定是妈妈打破的。"

父亲:"你怎么知道?"

你知道儿子是怎么知道的吗?

## 355. 一件旧上衣

一天,爱因斯坦在纽约的街道上遇见了一位朋友。

"爱因斯坦先生,"这位朋友说,"你似乎有必要添置一件新上衣了。瞧,你身上这件上衣多旧啊!"

"这有什么关系?反正在纽约谁也不认识我。"爱因斯坦无所谓地说。

几年后,他们又偶然相遇了。这时,爱因斯坦已然誉满天下,却还穿着那件旧上衣。他的朋友又一次建议他去买一件新上衣。

爱因斯坦依旧不去买,你知道爱因斯坦这一次是怎么说的吗?

## 356. 一休晒经

有一天,一休禅师在比睿山乡下时,看到一群群的信徒朝山上走去,原来是比睿山上的寺院在晒藏经。传说在晒藏经的时候,风从经上吹拂而过,如果人沐浴了这种风,就能够消病除灾,增长智慧,因此,闻风而来的人不断地涌上山去。

一休禅师知道了事情的原委,说道:"我也来晒藏经!"然后就袒胸露臂地躺在草坪上晒太阳。许多要上山的信徒看到了很不以为然,议论纷纷,觉得作为禅师这样实在太不雅观。山上寺院的住持也跑下来劝一休,不要如此没有僧人的威仪。

你知道一休是怎么回答的吗?

## 357. 谁比谁聪明

假日的动物园里,有一个爸爸带着孩子四处观看,孩子开心得又跑又跳。

到达猴子区时,爸爸转头跟他的孩子说:"你想不想看猴子表演?"

"好耶!要怎么做呢?"孩子回答道。

爸爸拿走孩子手上的爆米花,然后高高地抛往猴子处。只见老猴子飞身一跃,在半空中接住了爆米花,然后轻巧地落下地面,将爆米花放入嘴中。

爸爸又拿出了一颗爆米花,抛向高高的天空,老猴子又是一个飞跃……

小孩问爸爸:"为什么要费力将爆米花丢那么高呢?丢在地上让猴子自己捡来吃不是一样吗?"

爸爸说:"傻孩子,爸爸如果不将爆米花往高处抛,猴子会往上跳吗?你看猴子跳得多滑稽,这样不是很好玩吗?"

围栏内,小猴子也在问老猴子:"妈妈,你为什么要跳那么高去接爆米花呢?等爆米花掉在地上后再去捡来吃,不也一样吗?"

你知道老猴子是怎么解释的吗?

## 358. 灵机一动

"逻辑博士"的女儿是一位绝佳美人,很多小伙子都对她动心了。不过,这位小姐生性羞怯,如果直截了当地请她吃饭,可能会遭到谢绝。

但是,她毕竟是"逻辑博士"的女儿,对逻辑推理很感兴趣。一个逻辑爱好者想追求这位女孩子,突然间,他想起了哈佛大学的数学家吉尔比·贝克的锦囊妙计,顿时心花怒放,喜上眉梢。

于是他对这位漂亮的女孩子说:"亲爱的,我有两个问题要问您,而且都只能回答'是'或'不是',不准用其他语句。但在正式提问以前,我要同您事先讲好,您一定要听清楚之后再郑重回答,而且两个问题的答案都必须在逻辑上是完全合理的,不能自相矛盾。"

女孩子略微想了一下,感到非常有趣,于是,她爽快地说:"好吧!那就请您提问吧!"

请问:如果你是这个男孩子,你该怎样提问,才能达到请这位小姐吃饭的目的呢?

## 359. 特殊符号

古希腊的很多建筑上都有一种特殊的符号,它是由圆和三角形组成的(见下图)。这个图可以一笔画出,任何线条都不重复。你知道怎么画吗?

## 360. 学问与钱

一天，父子两人一起在街上走，他们看到一辆十分豪华的进口轿车。

儿子不屑地对他的父亲说："坐这种车的人，肚子里一定没有学问！"

作为父亲，他该怎么教育自己的孩子呢？

## 361. 两个导游

有两个中国观光团到日本伊豆半岛旅游，这里的路况很坏，到处都是坑洞。

一位导游不停地抱怨说路面简直像麻子一样。而另一个导游则比较乐观，你知道他是怎么介绍这条路的吗？

## 362. 司机的考试

某大公司准备以高薪雇用一名小车司机，经过层层筛选和考试之后，只剩下三名技术最优良的竞争者。

主考者问他们，"悬崖边有块金子，你们开着车去拿，你们觉得最近能在多远处拿到金子而又不至于掉落呢？"

"一米。"第一位说。

"半米。"第二位很有把握地说。

"我会尽量远离悬崖，越远越好。"第三位说。

你知道谁会被录取吗？

## 363. 没有写错

谁都知道张作霖大字不识几个。一次，他应邀参加一个酒会，酒会上有个日本人想让张作霖出丑，便提出让张作霖写一幅字。张作霖叫人拿出纸笔，一挥而就写下一个"虎"字，然后落款写下一行小字：张作霖手黑。

众人一看，哈哈大笑，本来应该是"手墨"的。旁边张作霖的秘书小声提醒张作霖少写了个"土"字。

你知道张作霖是怎么说的吗？

## 364. 你有什么了不起的

从前有一个人，他的爸爸做了大官，儿子中了状元，唯独他什么官也没有做。

因此，爸爸和儿子都看不起他，平时难免对他说些讥讽、嘲笑的话。

但此人颇有自我解嘲的本领，当他爸爸和他儿子嗤笑他的时候，他总能找出一些理由来反驳他们。你知道他是怎么说的吗?

## 365．狡诈的县官

从前有一个县官要买金锭,店家遵命送来两只金锭。县官问:"这两只金锭要多少钱?"

店家答:"太爷要买,小人只按半价出售。"

县官收下一只,还给店家一只。

过了许多日子,他还不还账,店家便说:"请县太爷赏给小人金锭价款。"

县官装作不解的样子说:"不是早已给了你吗?"

店家说:"小人从没有拿到啊!"

你知道这个贪财的县官是如何说的吗?

## 366．天机不可泄露

从前,有三个秀才进京赶考,途中遇到一个人称"活神仙"的算命先生,便前去求教:"我们此番能考中几个?"

算命先生闭上眼睛掐算了一会儿,然后竖起一根指头。

三个秀才不明白是什么意思,请求说清楚一点。

算命先生说:"天机不可泄露,以后你们自会明白。"

后来三个秀才只考中了一个,那人特来酬谢,一见面就夸奖说:"先生料事如神,果然名不虚传。"还学着当初算命先生那样竖起一根指头说:"确实'只中一个'。"

秀才走后,算命先生的老婆问他:"你怎么算得这么准呢?"

算命先生嘿嘿一笑说:"你不懂其中的奥妙,无论结果如何,我都能猜对。"

你知道这是为什么吗?

## 367．阿凡提的故事

有一个穷人找到阿凡提说:"咱们穷人真是难啊!昨天我在巴依财主开的一家饭馆门口站了一站,巴依说我闻了他饭馆里的饭菜香味,叫我付钱,我当然不给。他就到法官喀孜跟前告了我。喀孜决定今天判决。你能帮我说几句公道话吗?"

"行,行!"阿凡提一口答应了下来,就陪着穷人去见喀孜。

巴依早就到了,正和喀孜谈得高兴。

喀孜一看见穷人,不由分说就骂道:"真不要脸!你闻了巴依饭菜的香气,怎么敢不付钱!快把饭钱算给巴依!"

"慢着,喀孜!"阿凡提走上前来,行了个礼,说道,"这人是我的兄长,他没有钱，饭钱由我付给巴依好了。"

你知道阿凡提是怎么帮穷人出气的吗？

## 368．反驳

甲、乙两个人都喜欢诡辩。有一天，两人争论起"爸爸和儿子哪一个聪明"的问题。

甲说：儿子比爸爸聪明，因为人所共知，创立相对论的是爱因斯坦，而不是爱因斯坦的爸爸。

听了甲这句话，乙该如何反驳呢？

## 369．酒瓶

小赵、小钱、小孙、小李四人是同学，他们经常聚在一起讨论问题。有一天四人同桌吃饭，为桌上的半瓶酒争论起来。

小赵说：这瓶子一半是空的。

小钱说：这瓶子一半是满的。

小孙说：这有什么好争的，半空的酒瓶就等于半满的酒瓶。

你知道小李该如何诡辩，找出半空的酒瓶和半满的酒瓶之间的区别吗？

## 370．财主赴宴

从前有一个财主应邀到外乡赴宴，把家里雇的一个长工带去做仆人侍候他。

到了主人的家门口，财主一人进去，把长工留在门外。财主在主人家大吃大喝了一顿，早把门外的长工忘在脑后了。

财主酒足饭饱之后告辞出来。主人把财主送到门外，见到长工站在外面，就抱歉地对财主说："哎！我不知道您的仆人还待在门外，为什么不叫他进家来吃点东西？"

财主摇了摇头，不以为然地说："没有什么，我吃了就等于他吃了。"

长工听了这话，心里气恨极了，一声不吭地给财主拉过马来，扶他上马，自己跟在后面走。

走到一条大河边，河水很深，又没有桥，来的时候是长工把财主背过来的。

此时长工心生一计，自己跳进水里游过去了。财主忙叫长工过来背他，长工装着没有听见。

财主没有办法，只好自己跳进河里，但他根本不会游泳，下水后心里发慌，急忙喊长工快来救他。

长工在对岸不慌不忙地回答了一句话，说得财主哑口无言。

你知道长工说了句什么话吗？

## 371. 血亲

这天，一位朋友拿着一张照片来考阿凡提："这张照片是我和我的亲人、朋友合拍的。我的祖母生了两个孩子，而这两个孩子亦各自生了两个孩子；至于外婆，同样有两个孩子，而孩子又各自有两个孩子。那么，阿凡提，请你猜猜看，我共有多少个表兄妹呢？"

阿凡提考虑了一会儿，就递给朋友一张泾渭分明的血亲表。

请你想一下，这位朋友共有几位表兄妹？

## 372. 年龄的问题

小宁非常爱护环境，从很小的时候就开始种树。7 岁的时候，他在自己家前面的山上种了 10 棵树。从那以后，他每隔一年半都要种 10 棵树。

若干年过去了，他一共种了 150 棵树就不再种了。一天，小宁对妻子说："在这批树中，最早种的那 10 棵树的年龄是最后一批树的 8 倍。"

你能算出小宁现在多少岁了吗？

## 373. 遵照遗嘱

传说有一个古罗马人，他在临死时，给怀孕的妻子写了一份遗嘱：生下来的如果是儿子，就把遗产的 2/3 给儿子，母亲拿 1/3；生下来的如果是女儿，就把遗产的 1/3 给女儿，母亲拿 2/3。结果这位妻子生了一男一女，该怎样分配，才能接近遗嘱的要求呢？

## 374. 化解尴尬

一次,英国王室温莎公爵为了招待印度当地居民的首领而举办了一场盛大的宴会。宴会快要结束的时候,服务员端来了洗手盆。印度客人们看到那精巧的银制器皿里盛着亮晶晶的清水,以为是喝的水,端起来就一饮而尽。作陪的英国贵族顿时目瞪口呆,不知如何是好。温莎公爵想了想,轻而易举地就化解了这场尴尬。

你知道他是怎么做的吗?

## 375. 阿凡提骗国王

阿凡提是传说中绝顶聪明的人。有一次,高傲的国王在路上遇见了他,说:"阿凡提,我听人说你很聪明,也很会骗人。好吧,今天如果你能把我从轿子上骗下来,我就承认你是世界上最聪明的人。"

聪明的阿凡提真的做到了,你知道他是怎么做的吗?

## 376. 买不起

小刘和小赵约好一起去买钢琴,小刘的妈妈给了小刘3000元,小赵的妈妈给了小赵1500元。两人来到琴行,发现最便宜的钢琴也要4000元,于是就想合伙买一架,但是当把钱凑到一起的时候,发现只有3000元。

两人确定都没有花过妈妈给的钱,到底问题出在哪里了呢?

## 377. 钻石窃贼

神父有一个贵重的十字架,上面镶有很多价值连城的钻石,钻石的排列如下图所示。

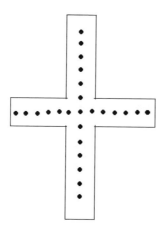

但是神父也不知道十字架上钻石的总数,他每次只是从上面开始数,数到中间那一颗的时候再分别向左、向右、向下继续数,每次都是 13 颗。有一次,这个十字架出了点问题,神父叫修理匠来修一下。这个修理匠很贪财,他知道神父数钻石的方法,于是他偷偷地把钻石拿走了两颗,而神父却没有发现。你知道他是如何做的吗?

## 378. 不准的天平

有一个天平由于两臂不一样长,虽然一直都处于平衡状态,但是长时间没人用。现在实验员小刘想用两个 300 克的砝码,称出 600 克的实验物品,你能给他想个法子吗?

## 379. 拉绳子

如何拉这只线圈,使它能朝前后任意一个方向运动?

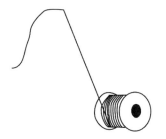

## 380. 换牌逻辑

几个人玩牌,每个人抽一张牌,然后比大小。在比大小前,可以互相自愿换牌,但在换之前不能让对方知道自己的牌。

如果这些都是非常聪明的人,请问:会有人能够换到比自己手中大的牌吗?

## 381. 兄弟俩

有个游客,晚上住在当地一农夫家里。这家有两个兄弟经常互相较劲,就想掰手腕,并让游客当裁判。游客不干,说自己累了。

哥哥就对游客说:"我们打赌怎么样?如果我赢了弟弟,我给你200元;如果我输了,你只要给我100元。"

弟弟来了兴趣,认为自己完全有力量赢哥哥,也对游客说:"我也跟你打赌。如果我赢了,我也给你200元;如果我输了,你也只要给我100元。"

如果你是这个游客,你愿意和这俩兄弟打赌吗?

# 第七章

# 另类思考

## 382. 断裂的绳子

我在一本很重的书上系上两根细绳子,其中一根绳子固定在天花板上。我拉另一根绳子,并问一个朋友哪端的绳子会先断。我的朋友答上面的绳子。于是我开始拉,结果下面的绳子先断了。你知道我是怎么控制,能让两端绳子的任意一端都可以先断的吗?

## 383. 硬币的正反面

小明很喜欢变魔术。这天他学会了一个新魔术,只见有7个硬币都正面朝上放在桌子上。现在要求你把它们全部翻成反面朝上,但每翻一次必须同时翻5个硬币。根据这条规则,你最终能把它们都翻成反面朝上吗?最少需要翻几次呢?

## 384. 聪明的仆人

一个员外有一位聪明的仆人。这天,仆人无心犯了一个无法弥补的大错。员外念及仆人的功劳不想处罚他,但又担心其他人不服。于是员外想出一个办法,让两个丫鬟每人拿一张纸条,一个纸条上写着"原谅",另一个写着"重罚"。而这两个丫鬟一个说真话,一个说假话,而且她们都知道自己手中的纸条写着什么。仆人只能问其中一个丫鬟一个问题,来询问哪个是免于处罚的纸条。

你知道仆人是怎样问的吗?

## 385. 有力的理由

下水道的盖子为什么是圆的?请给出至少三条理由。当然,"因为下水道是圆的"这类答案不算。

## 386．三个指针

现在许多时钟在钟面上还有秒针。那么你留心过没有，在每天 24 小时内，时针、分针和秒针三针完全重合的时候有几次？

## 387．父在母先亡

一个有迷信思想的人，请算命先生算一下自己父母的享寿情况。算命先生照例先问了一遍来人及其父母的出生年月日，然后装模作样地掐指算了一会儿，于是回答说："父在母先亡。"

这个人听了以后沉思片刻，付钱而去。

为什么求卜者对算命先生的话毫不怀疑并付钱而去呢？

## 388．禁止吸烟

某工厂的一位车间主任看见工人小王上班时在车间里吸烟，就批评他说："厂里有规定，工作时禁止吸烟！"

但是聪明的小王马上说了一句话，让主任无话可说。

你知道小王说了句什么话吗？

## 389．立等可取

一天上午，小李到一家国营钟表修理店修表，修表师傅接过手表后看了看说："下午来取。"

小李说："怎么还要下午取呢？店门外挂的牌子上不是写着'立等可取'吗？"

你知道修表师傅是如何辩解的吗？

## 390．负债累累

某人负债累累。有一天，他家里来了许多讨债的人，椅子、凳子都坐满了人，还有的人坐在门槛上。这个欠债人急中生智，附在坐在门槛上那个人的耳朵上悄悄地说："请你明天早点来。"

那人听了十分高兴，于是站起来把其他讨债的人都劝说走了。第二天一大早，他就急急忙忙来到欠债人家里，一心认为负债人能单独还债。岂知见面后负债者对他说了一句话，气得他一句话也说不出来。

你知道负债人说了什么吗？

## 391．什么情况下成立

这是一个很奇怪的不等式，0>2，2>5，5>0。它在什么情况下成立？

## 392．带着量角器走路

一个孩子刚学了关于角度的知识，非常兴奋，便带上一个大的量角器，从一个点出发，向前走了 1 米，然后就向左转 15°，再向前走 1 米，然后再向左转 15°……他这样走下去，可以回到他的出发点吗？如果可以的话，他一共走了多少米的路程？

## 393. 谁有优势

两个男孩在路上捡到了一枚硬币，他们决定轮流掷这枚硬币，并且说好谁先掷到正面朝上硬币就归谁。如果不在硬币上做手脚，谁会有优势呢？

## 394. 最后朝哪个方向

如下图所示，这是一个由几个不可能存在的三角形组成的图形。想象这个图形是由金属管制成的，再进一步想象：把一个立方体(深色面朝上)放进去，让它沿着金属管绕行一圈。

请问：当它回到原处时深色的一面朝什么方向呢？

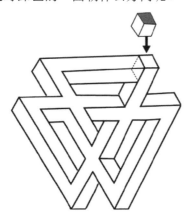

## 395. 巧画正方形

拿一支铅笔，你能一笔画出这五个正方形吗？沿着黑线走，不能重复画过的线，也不能穿过画好的线。

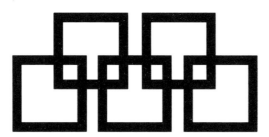

## 396. 你能这样折吗

把一张普通报纸对折。很简单，是不是？那么，你能把一张报纸对折10次吗？

## 397. 能否避开子弹

一个猎人远远地看见一只猴子,于是举起他的猎枪瞄准,并扣动了扳机。

恰恰在此时,猴子看到了自己的危险。聪明的猴子马上放开了它抓着的树枝往下落,想以此躲开子弹。假设枪响和猴子放开树枝在同一时刻,不考虑空气阻力,猴子能逃脱厄运吗?

## 398. 炮弹下落的地方

老兵总是这样教导新兵:"战场上躲在炮弹炸出的弹坑里,是最安全的。因为根据概率,炮弹再落到这个地方的可能性近乎为零。"

请问:这种说法正确吗?为什么?

## 399. 硬币中间的孔

一枚硬币中间钻了一个孔,如果将硬币加热,孔径是变大还是变小?有人说:"金属受热后膨胀,就把有孔的地方挤小了。"你说,他说得对吗?

## 400. 做清洁的机器人

机器人专家想用机器人清扫他们家周围的深沟,所以,他按下图所示安装了1～4号四台机器人,首先由1号机器人边清扫边向前行走,到达下一个拐角处由它打开2号机器人的开关,然后自己停下。2号机器人清扫至另一边,然后启动3号机器人的开关……这位专家相信,这样一来周围的深沟就时刻有机器人在清扫,不会留下落叶和垃圾。

请问:果真如此吗?

## 401．问题闹钟

有一个闹钟每小时总是慢 5 分钟，在 4 点的时候，用它和标准的时间对准，当闹钟第一次指向 12 点时标准时间应是几点？

## 402．谁更爱父亲

一位老国王想测测两个女儿对自己的爱到什么程度，并以此决定谁将获得王位继承权。大女儿抢先说："与妹妹比起来，我是一百倍地爱您。"二女儿也不甘示弱，说道："姐姐对您的感情当然没有我对您的感情深。与姐姐相比，我是一千倍地爱您。"听了她们深情的话语，不知为什么老国王反而神情沮丧地说："这不就等于说，你们两个都完全不爱我吗？"这究竟是怎么回事呢？

## 403．巧摆竹筷

三根竹筷三个碗，每两个碗之间的距离都稍稍大于筷子的长度，三个碗之间怎样才能用筷子连起来？

## 404．厕所的清洁和厨房的清洁哪个更重要

麦当劳是世界上最大的快餐集团之一，从 1955 年创办人雷·克罗克在美国伊利诺斯普兰开设第一家麦当劳餐厅至今，它在全世界已拥有 35000 多家餐厅，成为人们最熟知的世界品牌之一。

我们身边很多人都去过麦当劳，不管是为了孩子还是为了自己，即使没有去过，麦当劳标志性的"M"字拱门大家也一定见过。现在向小朋友提出去吃麦当劳，一定会得到小朋友的欢呼赞成。

麦当劳是如何做到这一步的呢？每个人都希望能学习到它的成功经验。不管是在经营理念还是市场推广上，我们要学习的地方太多了。

我们先从麦当劳的厕所谈起。麦当劳公司在它的公司手册中对公司的厕所有非常严格的规定：第一，所有麦当劳的厕所与店面的设计风格和颜色都必须是一致的；第二，麦当劳会安排专门的员工实行专人、定时、保质的打扫，每个厕所后面都有一张清洁表，每过几个小时，打扫人和清洁人都要在上面签字确认；第三，对于厕所的打扫，麦当劳有着极细致的规定，如地面、台面、镜面、把手、水渍、纸篓等每个单项都分列表格，工作程序需要逐一完成；第四，众所周知，麦当劳的厕所不仅对内，还会对外方便更多民众，从某种程度上说，它还承担了一定的公厕职能，而公司要求即使在这样的情况下，依然要保持干净，不能有异味。

除了对厕所清洁的严格规定外，麦当劳还对如何清洁地面进行了严格的规定，如几个小时清洁一次、清洁时使用湿墩布还是干墩布等。

对于一个餐厅来说，厨房的清洁和洗手间的清洁哪个更重要呢？

## 405．小孩与狗熊

一个小孩在山上种了一片苞米。苞米快成熟的时候，被狗熊发现了。狗熊钻进苞米地吃了一些，扔了一些，糟蹋了一地。

小孩找狗熊去讲理。狗熊满不在乎地说："你的苞米是让我给糟蹋了，你能把我怎么样呢？"

小孩说："我要你赔。"

狗熊说："我若是不赔呢？"

小孩说："那我就叫你知道知道我的厉害。"

请问：小孩如何才能斗过狗熊呢？

## 406．船上的货物

（1）一艘船顺水而下，在要通过一个桥洞时，发现货物比桥洞高出约1厘米，需要卸掉一些货物才能通过。无奈货物是整装的，一时无法卸下。有什么办法能够不卸货物，就使船通过呢？

（2）有一辆卡车，堆装着很高的货物，当要通过一处铁路桥洞时，发现货物高出桥洞1厘米，卡车无法通过。货卸下重装很费事，你给想想办法，怎样才能顺利地通过呢？

## 407. 同一面的概率

假设你有三个硬币,一个是一面正面一面反面,一个两面都是正面,一个两面都是反面。它们都放在一个口袋里。如果你从中取出两个放到桌子上,不去看它,那么两个硬币朝上的一面相同的概率是多少?

## 408. 剪纸

如果把一张纸对折一下,然后用剪刀在折痕的中间剪一个洞,当你把纸片展开后,纸上就会出现一个洞。如果你把纸对折一下,再成直角对折一下,按照此方法对折六次,然后在最后折的一边中间剪一个洞,当把纸片展开后,会得到多少个洞?在剪之前先动脑子想一想。

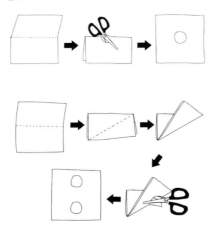

## 409. 庙宇的算命先生

有一个人在庙宇的外面遇到了算命先生,他很想算一次命,但是算命先生的招牌上写着:"每问一个问题要5元钱。"这个人身上只有12元,所以他对算命先生说:"是不是很短的一句话也是一问?"算命先生回答:"是的。"

他又说:"如果我这一问中包含很多嵌套的问句是不是也算一问?"算命先生回答:"是的。"

于是他苦思冥想,想找出一种最有效的提问方法。他最终能如愿以偿吗?

## 410. 围棋图形

下图是围棋盘的一部分,上面已摆下5枚棋子。如果要将它变成一个上下左右都对称的图形,最少还要再摆几枚棋子?

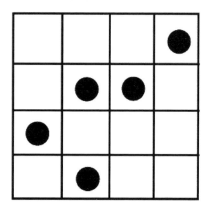

## 411. 8根铁丝

现在有8根铁丝(见下图),其中4根的长度是另外4根长度的两倍。那么,在不折弯的情况下,如何用这8根铁丝组成3个大小一样的正方形?

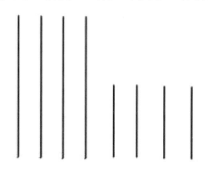

## 412. 移动球

如下图所示，有 10 个球组成一个正三角形，现在要求动 3 个球，使这个三角形倒过来。

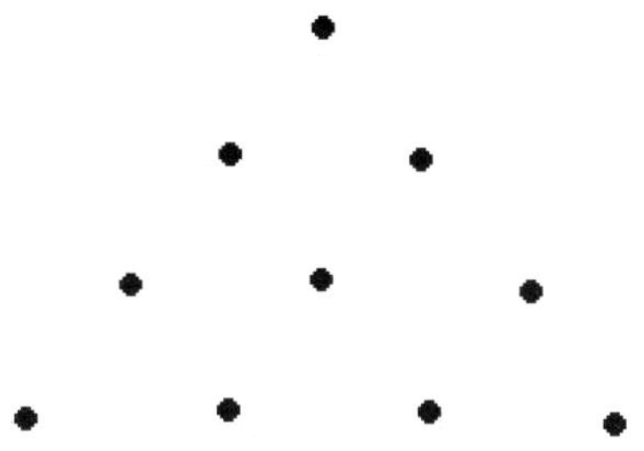

## 413. 纠结的妈妈

古时候，一位母亲有两个儿子，大儿子开染布作坊，小儿子做雨伞生意。每天，这位老母亲都愁眉苦脸：天下雨了怕大儿子染的布没法晒干；天晴了又怕小儿子做的伞没人买。如果你是这位母亲的邻居，你要怎么才能开导她呢？

## 414. 探险家的位置

这也是一道很流行的题，而且很多人也知道答案，但实际上他们的答案并不完全。

有位探险家在一个地方插了一杆旗，然后他从这杆旗出发往南走 100 米，再往东走 100 米，这时他发现那杆旗在他的正北方。

请问：这位探险家把旗插在了地球的哪个位置？

## 415. 砍角问题

(1) 一个四方桌，被砍去一个角，还有几个角？
(2) 一个正方体，被砍去一个角，还有几个角？

## 416. 沙漏计时间

如果你有一个 4 分钟的沙漏计时器和一个 3 分钟的沙漏计时器，你能确定 1 分钟、2 分钟、5 分钟、6 分钟的时间吗？

## 417. 约会

9月份时,小红和小明约好:"在下一个两个相连月份都是31天的第二个月31号我们再相见。"于是小明在第二年的8月31日来到了约定的地点,但发现小红没有来。小红却说自己是按约定的时间去的。

这到底是怎么回事?

## 418. 统筹安排

小于想在客人来之前做一道煎鱼。

做红煎需要这些步骤:洗鱼要5分钟;切生姜片要2分钟;拌生姜、酱油、酒等调料要2分钟;把锅烧热要1分钟;把油烧热要1分钟;煎鱼要10分钟。这些加起来要21分钟,可是客人20分钟后就要来了。

这该怎么办呢?

## 419. 书虫啃书

书架上并排放着一套线装古书,书脊朝外,左边是第二卷,右边是第一卷。这两卷书的书页厚度都是3厘米,封皮、封底的厚度都是2毫米。

假如有一只书虫从第一卷的第一页开始啃书,直到啃到第二卷书的最后一页,那么,这只书虫一共啃啃了多长距离?

## 420. 长颈鹿吃树叶

有一头长颈鹿在吃一棵树上的树叶。其中有一片树叶,白天时长颈鹿咬一口会咬掉3厘米，晚上这片树叶又会长出2厘米，这片树叶总长10厘米。请问：长颈鹿几天可以吃完这片树叶？

## 421．爷爷到底有几个孩子

小明的爸爸是小红的妈妈的哥哥。有一天，小明说："我的叔叔的数量和我的姑姑的数量是一样多的。"而小红说："我的舅舅的数量却是小姨数量的2倍。"你能知道小明的爷爷到底有几个儿子几个女儿吗？

## 422．纪晓岚的计谋

乾隆二十三年，皇帝大兴文字狱，江南才子何庆芳一家被判处满门抄斩。纪晓岚苦苦哀求，皇帝还是不答应放人。

就在行刑前一天，纪晓岚来到大殿对皇帝说："陛下，何庆芳一家人确实罪恶滔天，您对他的判决公正无比。不过最近《四库全书》刚修完明史最后一册，请您允许我把这册书读给他听。在我读完之前，请您不要下令杀死他。"乾隆心想："这一册我看过，只有一百多页，读完也不需要多少时间。再说，何庆芳因为修明史被牵连，让他听听正史，也能彰显国威。"于是就同意了。

得到皇帝允许后，纪晓岚就到监牢为何庆芳读书，和珅在旁边看着。谁知刚读完第一天，和珅就发现一个问题：何庆芳相当于被取消了死刑。和珅很气愤地到皇帝面前告纪晓岚的状。这时，皇帝明白了纪晓岚的苦心，只是哈哈一笑而过了。

你知道纪晓岚用了什么计谋吗？

## 423. 立鸡蛋

1492 年，哥伦布发现了新大陆。从海上回来，他成了西班牙人民心中的英雄。国王和王后也把他当作上宾，封他做海军上将。可是有些贵族瞧不起他，他们用鼻子一哼，说："哼，这有什么稀罕的？只要坐船出海，谁都会到达那块陆地的。"在一次宴会上，哥伦布又听见有人在讥笑他："上帝创造世界的时候，不就创造了海西边的那块陆地了吗？发现？哼，又算得了什么！"

哥伦布听了，沉默了好一会儿，忽然从盘子里拿了一个鸡蛋，站了起来，提出一个古怪的问题："女士们，先生们，谁能把这个鸡蛋立起来？"

鸡蛋从这个人手上传到那个人手上，大家都把鸡蛋扶直了，可是一放手，鸡蛋就立刻倒了。最后，鸡蛋回到哥伦布手上，满屋子鸦雀无声，大家都要看他怎样把鸡蛋立起来。

只见哥伦布不慌不忙，一下子就使鸡蛋立起来了。

你知道他是怎么做到的吗？

## 424. 水果的分量

在果园工作的送货员 A，给一家罐头加工厂送了 10 箱桃子。每个桃子重 500 克，每箱装 20 个。正当送完货要回果园的时候，他接到了从果园打来的电话，说由于分类错误，这 10 箱桃子中有 1 箱装的是每个 400 克的桃子，要送货员把这箱桃子带回果园以便更换。但是，由于手边没有秤，怎样从 10 箱桃子中找出到底哪一箱的分量不足呢？

正在这时，他忽然发现不远的路旁有一台自动称量体重的机器，投进去 1 元硬币就可以称量 1 次重量。他的口袋里刚好有一枚 1 元硬币，当然也就只能称量 1 次。那么他应该怎样充分利用这只有 1 次的机会，来找出哪一箱是不符合规格的产品呢？

## 425．逻辑顺序

下面一排遮住的图形与上面一排顺序不同，但遵循如下规则。
十字形和圆都不和六边形相邻。
十字形和圆都不和三角形相邻。
圆和六边形都不和正方形相邻。
正方形的右边是三角形。
你能找出它们的顺序吗？

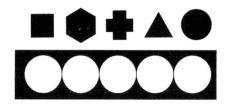

## 426．今天是星期几

一天，小糊涂早起去上学，却忘记了当天是星期几，所以去问过路的一个人。那个人想难为难为他，就说：当"后天"变成"昨天"的时候，那么"今天"距离星期天的日子，将和当"前天"变成"明天"时的那个"今天"距离星期天的日子相同。

你能帮小糊涂算算，今天到底是星期几吗？

## 427．糊涂账

有一个吝啬鬼去饭店吃面条，他花一元钱点了一份清汤面。面上来了，他又要求换一碗两元钱的西红柿鸡蛋面。服务员对他说："你还没有付钱呢！"吝啬鬼说："我刚才不是付过了吗？"服务员说："刚才你付的是一元钱，而你吃的这碗面是两元钱的，还差一元呢！"吝啬鬼说："不错，我刚才付了一元钱，现在又把值一元钱的面还给了你，不是刚好吗？"

服务员说："那碗面本来就是店里的呀！"吝啬鬼说："对呀！我不是还给你了吗？"这么简单的账怎么就会弄糊涂了呢？

吝啬鬼真的不需要再付钱了吗？

## 428．免费的午餐

傻熊开了一家餐馆，这家餐馆有一个特点，所有的菜价格都是相同的。一天中午,猴子来吃饭。

猴子先要了一份麻婆豆腐,可菜一端上来,猴子看了一眼说:"太辣了,怎么吃呀,给我换一个吧。"换了一份热气腾腾的蘑菇炖面,猴子又说:"太烫了,再换一份。"换上了第三盘松仁玉米,猴子一尝,真甜,于是眉开眼笑,很快吃完了。

猴子吃完,拍拍屁股想走,傻熊追过来说:"您还没付钱呢!"

猴子说:"我付什么钱呀?"

傻熊说:"您吃饭不需要付钱呀!"

"可我吃的松仁玉米是用蘑菇炖面换的呀。"

"您吃蘑菇炖面也要付钱呀。"

"可我的蘑菇炖面是用麻婆豆腐换的呀。"

"那麻婆豆腐也要付钱呀。"

"麻婆豆腐我没吃,给退了,付什么钱呢?"

傻熊挠挠头,好像是这么回事,于是让猴子走了。

请问:这到底是怎么回事,吃了东西不用付钱吗?

## 429. 扑克牌的顺序

大家都知道扑克牌,一副牌一共有54张,其中有两张王牌,其余的52张牌则分为红桃、方块、梅花、黑桃四种花色,每种花色各13张。

我们取这样一副扑克牌,去掉其中的两张王牌,然后给剩下的52张牌编号,号码从1编到52。

这样,在初始状态下,这52张牌是1号在最下面,2号在下数第2张的位置,3号在下数第3张的位置……第52号则在最上面。

现在我开始洗牌。假如我洗牌的技术一流,每次都会把这副牌平均分成26/26两手,而且每次洗下来的牌都是左右各一张相间而下(每次洗牌都先让编号为1的牌最先落下)。

这样,第一次洗完牌之后,这副牌的状态变成为:1,27,2,28,3,29,……,26,52。

现在请问:按照上面的洗牌规则,我一共需要洗几次牌才能使这副牌重新回到初始状态(1,2,3,4,……,51,52从下到上排列)?

真厉害!
牌都是一张一张交叉着落下来
……

## 430. 号码

学校举办运动会，班长正在发号码，他叫 1034 号，那个知道自己的号码是 1034 号的同学就会到讲台上拿自己的号码，并挂到衣服上。一切进行得很顺利，只是其中一个号码没有人领。发到最后，班长又叫了一遍，还是没有人认领，这时小杜突然醒悟说："我的号码还没有给我，对了，你是把我的号码拿倒了，所以念错了。"班长哈哈笑道说："可不是，这样比原来的号码要多 7785 呢。"你知道小杜运动服上的号码应该是多少吗？

## 431. 电话号码

小红家电话号码后四位的四倍正好是小明家电话号码的后四位；小红家电话号码的后四位从后到前倒着写也正好是小明家电话号码的后四位。你知道小红家电话号码后四位是什么吗？

## 432. 考试分数

将甲的考试分数位置对调一下，就是乙的考试分数；丙的考试分数的两倍是甲与乙两人考试分数的差；而乙的分数是丙的分数的 10 倍。你知道三个人的考试分数各是多少吗？

## 433. 抽顺子

把一副共 52 张扑克牌任意分成 13 堆，每堆 4 张牌。现在有人说，一定存在一种方式从每堆牌中抽出一张来一共 13 张，使得这 13 张恰好凑成一条不一定同花的顺子。你觉得有可能吗？

## 434．分枣

幼儿园里，园长给新来的老师一包枣，让她把这些枣分给小朋友们，并告诉她分法如下：第一个小朋友，得到一颗枣和余数的 1/9；第二个小朋友得到两颗枣和余数的 1/9；第三个小朋友得到三颗枣和余数的 1/9；给剩下的小朋友的枣数依此类推。园长告诉她只要按这个方法分，所有的小朋友都会得到枣，并且是公平合理的。老师将信将疑地按园长说的分发了，结果确实如此。

那么，一共有几个小朋友、几颗枣呢？

## 435．每种家禽有多少只

一个农民养了鸡、鸭、鹅三种家禽，我们知道：鸡的数目是鹅的三倍，而鸭子的数目是鹅的两倍；同时，每种家禽的数目都不会超过 10 只。

请你计算一下，这个农民养的鸡、鸭、鹅各有多少只？

## 436．公交车数

从 A 城市到 B 城市每隔 15 分钟发出一辆公交车。如果从上午 8 点发出第一辆公交车，那么到下午 6 点时一共发出多少辆公交车？

## 437．小明的烦恼

小明发现自己身边的朋友家里都有两个孩子，他便思考：如果家里有两个小孩的话，那么就有可能是三种情况：两个都是男孩，两个都是女孩，一个男孩一个女孩。所以，如果生两个孩子的话，都是男孩的概率是 1/3。

但是，他自己又隐隐约约地感到不安，觉得似乎自己错了，你能指出他哪里错了吗？

## 438．入学考试

某个著名高校的入学考试规则如下：考生在三天内做无限道选择题，答对一题得 6 分，答错一题扣 3 分。小明参加了考试，别人问他成绩时，他说："我的成绩是下面几个中的一个：30 分、12190 分、5246 分、121 分、9998 分。"

你能猜到他到底得了多少分吗？

## 439. 路线图

如何画出 A 到 a、B 到 b、C 到 c、D 到 d 的路线，使这些路线没有相互交叉点？

## 440. 印刷电路

你能否画 5 条线来连接 5 对序号相同的电路？
所有的连线必须沿着方格的黑线，而且任意两条连线都不能相交。

## 441. 巧连电路

你能否画 8 条线来连接 8 对电路？所有的连线必须沿着方格的黑线，而且任意两条连线都不能相交。

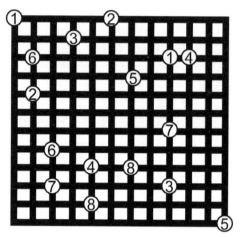

# 第八章

# 策略思维

## 442. 不会输的游戏

有一种游戏叫作"15 点"。规则很简单,桌面上画着三行三列九个方格,上面标有 1~9 九个数字。庄家和参赛者轮流把硬币放在 1~9 这九个数字上,谁先放都一样。谁首先把加起来为 15 的 3 个不同数字盖住,那么桌上的钱就全数归他。

我们先看一下游戏的过程:一位参赛者先放,他把硬币放在 7 上,因为 7 被盖住了,其他人就不可再放了。其他一些数字也是如此。庄家把硬币放在 8 上。参赛者把硬币放在 2 上,这样他以为下一轮再用一枚硬币放在 6 上就可以赢了。但庄家却看出了他的企图,把自己的硬币放在 6 上,堵住了参赛者的路。现在,庄家只要在下一轮把硬币放在 1 上就可以获胜了。参赛者看到这一威胁,便把硬币放在 1 上。庄家笑嘻嘻地把硬币放到了 4 上。参赛者看到庄家下次放到 5 上便可赢了,就不得不再次堵住他的路,把一枚硬币放在 5 上。但是庄家却把硬币放在了 3 上,因为 8+4+3=15,所以他赢了。可怜的参赛者输掉了这 4 枚硬币。

原来,只要知道了其中的秘密,庄家是绝对不会输一盘的。你知道庄家是如何做到的吗?

## 443. 小魔术

这是一个小魔术,由两个人配合与一名观众一起表演:一副扑克中去掉大小王,余 52 张。由观众随机抽 5 张给魔术师助手,助手看完牌后选了 1 张牌扣在桌面上,并把另外 4 张牌按某种顺序排成 1 排。观众按顺序将 4 张牌的花色和点数说给魔术师听。魔术师听过这 4 张牌后准确无误地说出了开始扣在桌上那张牌是什么。当然,魔术师和助手在之前讨论过方案。另外，助手在整个过程中不能以任何其他方式将信息透露给魔术师。

请问：魔术师的策略是什么？

## 444．日近长安远

只有几岁的晋明帝，有一天在他爸爸身边玩耍，正巧碰上从长安来的使臣。
爸爸问他："你说太阳和长安哪个离你近？"
儿子答："长安近。因为没有听说过有人从太阳那边来，不就是证明吗？"
爸爸听了很高兴，想把自己的儿子当众夸耀一番。
第二天当着许多大臣的面又问他："你说太阳和长安哪个离你近？"
"太阳离我近。"这个孩子忽然改变了答案。
爸爸感到惊奇，便问他说："你为什么和昨天说的不一样呢？"
你知道儿子是怎么回答的吗？

## 445．子非鱼，安知鱼之乐

《庄子》外篇《秋水》中记载着庄子与惠施在壕梁之上观鱼时的一段对话。
庄子说："鲦鱼出游从容，是鱼之乐也。"
惠施问："子非鱼，安知鱼之乐？"
你知道庄子是怎么回答的吗？

## 446．学雷锋

公共汽车刚到站停住，一个小伙子推开前面排队候车的人，横冲直撞地挤上公共汽车。一位老大爷对他说："年轻人，应该学雷锋呀！"
小伙子说："我这也是学雷锋呀！"

"雷锋是这样吗？"老大爷生气地说。

你知道小伙子是怎么回答的吗？

## 447．进化论

英国伟大的生物学家达尔文于1859年出版了他的名著《物种起源》一书，这对宗教世界观是一个极大的威胁。

1860年6月28日到30日，英国教会在牛津召开了反对达尔文学说的会议。

在这次会议上，一位自负很有"辩才"的主教威尔伯福斯发表了攻击进化论的长篇演说，他的演说暴露了他对达尔文学说的完全无知。然而凭着"辩才"，他的话很动听，时不时地引起贵妇人们的阵阵哄笑。

后来威尔伯福斯完全离开了议题，对参加这次会议的英国著名生物学家赫胥黎施展恶意嘲弄。威尔伯福斯说：赫胥黎教授就坐在我的旁边，他是想等我一坐下来就把我撕成碎片的，因为按照他的信仰，他本是猴子变的嘛！不过，我倒要问问，你这个猴子子孙的资格是从哪里得来的？与猴子有关系的是你的祖父这一方，还是你的祖母那一方？

你知道聪明的赫胥黎是怎么回答的吗？

## 448．你的话说错了

某校开展学雷锋活动以来，学生中关心集体、助人为乐的人逐渐多起来。

某班有一个学生做了一件有益于集体的事，但别人都不知道是谁做的。该班学生小刘对小王说："据我的分析，这件事可能是咱班小李干的。"

小王颇有把握地说："不，不可能是小李干的。"

后来经过调查，这件事确实不是小李干的，而是该班里另一个同学干的。

这时，小王得意地对小刘说："怎么样？你的话说错了，你还说可能是小李干的呢！"

小刘被弄得一时说不出话来。

请问：小刘说的错了吗？小王对小刘的反驳能否成立？

## 449．木匠家的婚礼

有个木匠要给儿子娶媳妇，他请了40个客人，打算在婚礼那天自己做四张桌子，用来宴客。木匠设计每个桌子4条腿，但是临到婚礼前一天，他才发现，现在只有12条桌子腿，只能装好3个桌子。借桌子是来不及了，让40个人挤在3张桌子上也不现实，他该怎么办呢？

## 450. 爬山

有一座山,山上有座庙,只有一条路可以从山上的庙到山脚。每周一早上 8 点,有一个聪明的小和尚去山下化缘,周二早上 8 点从山脚回山上的庙里。小和尚上下山的速度是任意的,在每个往返中,他总是能在周一和周二的同一时间到达山路上的同一点。例如,有一次他发现星期一的 8 点 30 分和星期二的 8 点 30 分他都到了山路靠山脚的 3/4 的地方。请问:这是为什么?

## 451. 搭船过河

在河的任何一岸,只要坏人的个数超过好人的个数,那么好人就会被坏人杀死;而坏人的个数等于或者少于好人个数,则没事。现在有三个坏人和三个好人要过河,只有一艘船,一次只能两个人搭船过河。如何才能让所有的人都安全过河?(提示:共有两种正确答案。)

## 452. 三岔路口

一位探险家去寻宝,在一大片原始森林里迷了路。他在里面走了很久,一直没有找到出口,这可把他吓坏了。这时,他来到一个三岔路口旁,发现每个路口都写了一句话。第一个路口上写着:"这条路通向出口。"第二个路口写着:"这条路不通向出口。"第三个路口上写着:"另外两块路牌上,一句是真的,一句是假的。"

如果第三个路口上的话是正确的,那么探险家要选择哪一条路才能走出去?

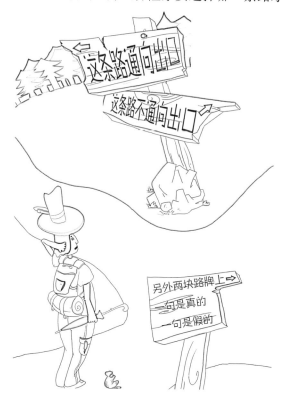

## 453. 汽车相遇

美国某小镇车队有 17 辆小公共汽车,整天在相距 197 千米的青山与绿水两个小镇之间往返运客。每辆车到达小镇后司机都要休息 8 分钟。司机杰克上午 10 点 20 分开车从青山镇出发,在途中不时地遇到(有时是迎面驶来,有时是互相超越)一辆本车队的车。下午 1 点 55 分他到达绿水镇,休息时发现本队的其他司机一个都不在。没有同伴可以聊天,杰克就静静地回忆刚才在路上遇到的本车队的那些人。

请问:杰克一共遇到了本车队的几辆车?

## 454. 家庭活动

一家三口,爸爸在民航工作,每 3 天休息一天;妈妈是医生,每 5 天休息一天;豆豆在外地上学,每 6 天回一次家。这周日,一家三人刚刚一起去看了场电影,他们约定下次还一起在家的时候就去欢乐谷。

你知道他们最早要多少天以后才能一起去吗?

## 455．掷骰子

用两颗骰子抛出 7，搭配有 1 和 6、2 和 5、3 和 4，抛出 8 点的搭配有 4 和 4、3 和 5、2 和 6。那么掷出 7 点和 8 点的概率一样吗？

## 456．开会

有一个大型会议，组织方会给每个参会者一个袋子，袋子里有参会者的姓名牌。临开会前，组织者得到消息：有五个袋子里面的姓名牌放错了。组织者知道是哪五个袋子，同时也知道是五个袋子中的两个姓名牌放错了，另外三个是正确的。

请问：这种情况发生的方式有多少种呢？如果是四个正确的、一个错误的呢？

## 457．作家

有个作家把自己的文章卖给第一个出版商甲，卖了 9000 元。由于这篇文章的商业价值不足，甲又把文章卖回给作家，只收了 8000 元。后来有出版商乙看上了这篇文章，花 10000 元买了去。还没等出版，乙倒闭，甲重新以 8000 元的价格从乙手里买了去并出版，获得经济收益 5 万元。

请问：在这个过程中，作家赚了多少钱？(不计写文章的成本。)

## 458．年龄问题

有个小孩，他说："5 年前，我妈妈的年龄是我的年龄的 9 倍，但现在她的年龄是我的年龄的 4 倍。"你能算出小孩现在的年龄吗？

## 459．龟兔赛跑

兔子和乌龟赛跑，它们沿着一个圆形的跑道背对背比赛，并规定谁先绕一圈回到出发点谁就胜利。兔子先让乌龟跑了 1/8 圈，然后才开始动身。但是这只兔子太骄傲了，慢吞吞地边走边啃胡萝卜，直到遇到了迎面来的乌龟，它才慌了，因为在相遇的这一点上，兔子才跑了 1/6 圈。

请问：兔子为了赢得这次比赛，它的速度至少要提高到原来的几倍呢？

## 460. 利润问题

小王是个二手手机销售商。在通常情况下,他买下硬件完好的旧手机,然后转手卖出,并从中赚取30%的利润。某次,一个客户从小王手里买下一部手机,但是三个月后,手机坏了。大为不满的客户找到小王要求退款。小王拒绝退款,但同意以当时交易价格的80%回收这部手机。客户最后很不情愿地答应了。

你知道小王在整个交易中赚了多少个百分点的利润吗?

## 461. 丢手绢游戏

幼儿园的阿姨组织孩子们玩丢手绢游戏,所有的小朋友都在一起围成一个大圈。这时老师发现,虽然这些孩子有男有女,但是他们却有一个规律,就是每个小朋友都与两个性别相同的人相邻。如果这个游戏中共有12个女孩参加,那么你能算出一共有多少人参加了这个游戏吗?

## 462. 不可能的分数

部队举行打靶比赛。靶纸上的1、3、5、7、9表示该靶区的得分数。甲、乙、丙、丁四个士兵各射击了6次,每次都中了靶。

比赛完之后他们说了下面的话。

甲说:我只得了8分。乙说:我共得了56分。

丙说:我共得了28分。丁说:我共得了27分。

请想一想,他们所讲的分数可能吗?可能的话,请说出他们每次打靶的得分数;不可能的话,猜一猜哪个士兵说了谎?

## 463. 两个赌徒

两个赌徒赌了一辈子,到老了赌得倾家荡产啥也没有了,只剩下每人一颗骰子。他们仍不知悔改打算靠掷骰子度过余生。他们每人的骰子都被磨损得够呛,都只有三面上的点数还看得出来。第一个赌徒的骰子只有2、4、5三面可以辨认,第二个赌徒的骰子只有1、3、6三面可以辨认。如果他们用这两颗骰子比谁掷的点数大,那么要是游戏一直进行下去,最后谁会赢呢?

## 464. 动物园

小明和爸爸妈妈一起去动物园玩，回来他给大家出了道题："有个笼子里面一共有 13 只动物，包括猴子、百灵鸟、鸵鸟和斑马。每种动物的个数都不一样，猴子和百灵鸟加起来一共 6 只，猴子和斑马加起来一共 5 只。已知某种动物有 2 只。你知道是哪种动物有两只吗？"

## 465. 三个城镇

一个外地人需要穿过 A、B、C 三个城镇去市里办事。在经过 A 城时，他发现了一个路标，上面写着：到 B 城 40 里，到 C 城 70 里。等他到达 B 城时，发现另外一个路标，上面写着：到 A 城 20 里，到 C 城 30 里。他困惑不解，等到了 C 城时，他又发现了一个路标，上面写着：到 A 城 70 里，到 B 城 40 里。这回他完全迷糊了。于是，他去问一个本地人。那个人告诉他，那三个路标中，只有一个是完全正确的，另外一个有一半是完全正确的，还有一个是完全错误的。

那么，你能判断出哪个路标是正确的，哪个路标是完全错误的吗？

## 466. 选修课程

一个寝室有三名大学生，他们每个人都分别选修了六门课程中的四门。总的来说，有两个人选修了数学，两个人选修了语文，两个人选修了英语，两个人选修了物理，两个人选修了化学，两个人选修了历史。

已知：

如果甲选修了数学，那么他也会选修历史；如果他选修了历史，那么他不会选修英语；如果他选修了英语，那么他不会选修语文。

如果乙选修了英语，那么他也会选修语文；如果他选修了语文，那么他不会选修数学；如果他选修了数学，那么他不会选修化学。

如果丙选修了化学，那么他不会选修数学；如果他不选修数学，那么他会选修语文；如果他选修了语文，那么他不会选修英语。

请问：三人分别选修了哪几门课程？

## 467. 这可能吗

一个年轻人对别人说："前天我 17 岁，但今年我将会 19 岁。"请问：这有可能吗？

## 468. 至少几个人

小明要办个聚会，他邀请了他父亲的姐夫、他姐夫的父亲、他哥哥的岳父、他岳父的哥哥。请问：他最少邀请了几个人？

## 469. 吝啬鬼的遗嘱

美国有个吝啬鬼，他一生积攒了很多钱，却从不肯给别人花。死了之后，他在遗嘱中表明要将他的钱与他一起火化。

法官在宣读遗嘱的时候觉得这条不合情理，便想了一个办法使得既没有违反遗嘱的规定，又让他的亲属继承了这份遗产。

你知道法官是如何做的吗？

## 470. 通货膨胀

1 元=100 分=10 分×10 分=1 角×1 角=0.1 元×0.1 元=0.01 元=1 分

1 元怎么变成了 1 分？上面这个计算过程哪里出了问题呢？

## 471. 蠕虫的旅程

一条蠕虫只会沿着 2 厘米×2 厘米×3 厘米的盒子边缘缓慢爬行。如果不能走已经走过的路，这条蠕虫最长能爬多少厘米？

## 472. 砌围墙

小明砌了一个如下图所示的围墙，请数一数他一共用了多少块砖。

## 473. 数数字

一天，才上幼儿园的小明在数数，他是按从小到大的顺序数的。妈妈从他数到的某个数字开始计算，一直计算了连续的 9 个自然数，得到和为 54。请问：妈妈是从哪个数字开始计算的？

## 474．神奇的公式

魔术师有一个神奇的公式，只要你按照他的公式计算出答案，他就可以知道你的出生日期和年龄。这个公式是这样的：(4 位的出生月日)×100+20×10+165+(2 位的年龄)=？

你知道这是为什么吗？

## 475．触礁

一天，一艘轮船触礁了，大约 25 分钟后就会沉没。轮船备有一只可以载 5 人的皮划艇，从沉船到最近的小岛要 4 分钟时间。请问：最多可以有几人被救？

## 476．促销

一家服装店促销一个牌子的衣服，原价为 300 元。第一次促销时，价格为 240 元；第二次促销时价格为 192 元；第三次促销时价格为 153.6 元。

如果你仔细观察，会发现，三次促销是按照同一个规律定的价格。你知道是什么规律吗？

## 477．穿越沙漠

一个人想要徒步穿越一片沙漠。但是问题来了，一个人只能携带够他 4 天食用的粮食，而穿越这片沙漠需要 6 天。请问：他需要请几个搬运工呢？当然，搬运工也同样需要吃粮食。

## 478．猜数字

放学后，小明回到家中，和爸爸玩起了一个很好玩的猜数字游戏。这个游戏很好玩，爸爸从 1~1024 中任意选择一个整数，记在心中。然后如实回答小明提出的 10 个问题，小明总能猜出爸爸想的数字是什么。

你知道这 10 个问题是如何设计的吗？

## 479．拼车

两个人拼车打的。第一位乘客坐了 4 千米，就要下车；第二位乘客要继续走 4 千米才下车。车费一共是 24 元。

请问：两个人该如何分担车费才最公平呢？

## 480．伪慈善

一个小伙子经常向身边的朋友们炫耀，称自己经常施舍给那些无家可归的人金钱。一天，他又说："昨天我又施舍了 50 个一元的硬币给 10 个流浪汉。不过我没有把这些钱平均分给他们，而是根据他们的贫穷程度施舍的。每个人最少给了一个一元硬币，而且他们每个人得到的硬币数各不相同。"

"你在撒谎。"一位听到这话的小孩当众指出。

小伙子恼羞成怒："你凭什么说我撒谎，我确实给他们了，也是按我说的方式分配的，你有什么证据说我撒谎？"

小孩解释了一番，大家一听都明白了。原来小伙子确实在说谎。

你知道小孩的理由是什么吗？

## 481．钟摆问题

一个钟摆，当它摆到最高点的时候，突然断了，请问：此时钟摆会如何落下？

## 482．大人和小孩过河

一条河上没有桥，也没有渡船。一个大人带着一块 4.9 米的木板想从河的 A 岸到达 B 岸，一个小孩带着一块 5.1 米的木板想从河的 B 岸到达 A 岸。而河的宽度是 5 米。大人的木板不够长，小孩的力气小无法把整块木板伸过河搭到对岸。

请问：用什么办法才能让两个人都平安过河呢？

## 483．一艘小船

渔民一家有三口人，爸爸、妈妈和儿子，三人都有可能出海，家里只有一艘船。

平时为了防止船只丢失，会用一根铁链将船锁在岸边的一个柱子上。现在家里的三口人每个人有一把U形锁，且每把锁都只有一把钥匙。

请问：三个人该如何锁船才能确保三个人都可以单独打开和锁上这艘船呢？

## 484．聪明的孩子

一天，三个孩子在睡午觉的时候，被人偷偷地在脸上画了鬼脸。三个孩子醒来后，彼此看了一眼后同时哈哈大笑。不一会儿，其中一个孩子若有所思地默默地走到洗手间去洗脸了。

你知道这是为什么吗？

## 485．排数字

有四个数字，分别是 1、2、3、4。现在把这四个数字排成一排，要求中间的两个数字之和为5，4挨着1并在1的左面，最后边的数字比最左边的数字大。

你能把这几个数字按要求排列出来吗？

## 486．有错误的数学题

数学老师出了一道数学题："一个人建一间房子需要10天，那么10个人建同样一间房子需要多少天？"答案是1天。可是小明觉得这个数学题有错误。

你知道错误在哪里吗？

## 487．几个苹果

小明有一些苹果，他吃了一个，然后把剩下的一半分给了弟弟。接着他又吃了一个，然后把剩下的一半分给了妹妹。这时他还有 5 个苹果。

请问：最开始的时候小明有几个苹果？

## 488．金鸡

王老师买了一只 2 斤重的鸡回家。妻子看到了问多少钱一斤？王老师说10元一斤。妻子突发奇想，说道："现在黄金每克 300 元，要是这只鸡是金子做的，那它可就值30万元了。"王老师笑了笑说："要是这只鸡是金子做的，它起码值100万元。"

请问：他们俩谁说得对？

## 489. 猴子爬绳

一根绳子穿过无摩擦力的滑轮,在其一端悬挂着一个 10 千克重的砝码,绳子的另一端有只猴子,同砝码正好取得了平衡。当猴子开始向上爬时,砝码将如何动呢?

这个问题看似简单,但是许多优秀的数学家给出了截然不同的答案。有人认为砝码将向上升,而且速度越来越快。还有人认为,砝码将以与猴子一样的速度向上升起。甚至有人说,砝码将会向下降!(假定绳索与滑轮本身没有重量,也没有摩擦力。)

请问:砝码到底会怎么动呢?

## 490. 聪明的书童

明朝有一个著名的文学家,叫冯梦龙。一年夏天,有位朋友前来拜访他。冯梦龙邀请对方去后院赏花饮酒。他们来到后院,冯梦龙突然想起忘记了一样东西,便叫书童去取。书童问取什么?冯梦龙随口说道:"有面无口,有腿无手;又爱吃肉,又爱吃酒。"书童马上就猜出是什么了,不一会儿就把需要的东西取来了。

你知道冯梦龙要的是什么吗?

## 491. 对对联

一次,乾隆和纪晓岚对对联。乾隆出上联:"两碟豆。"纪晓岚对曰:"一瓯油。"乾隆听完后,狡黠地一笑,改口说:"我说的是'林间两蝶斗'。"你知道纪晓岚该如何对出下联吗?

## 492. 对哑谜

苏东坡和佛印和尚是好朋友，他们经常以诗文相互挖苦挤兑，借此取乐。一天，两人泛舟长江之上。苏东坡突然用手往岸上一指，看着佛印笑而不语。佛印顺势望去，只见一条黄狗正在岸边啃骨头，顿有所悟，顺手将手里题有苏东坡诗句的折扇扔入水中。两人面面相觑，不禁大笑起来。

你知道两个人在猜什么哑谜吗？

## 493. 奇怪的顾客

一天，一家熏肉店来了一位奇怪的顾客，想要"皮外皮，皮内皮，皮里皮外皮，皮打皮"四个菜。肉店老板不知道顾客到底想要什么，很是为难。这时，老板10岁的小儿子刚好放学回来，看到了这位顾客的菜单，灵机一动，就解出了顾客的谜题。原来这些都只是猪身上的一些部位。

你能猜到它们分别是什么吗？

## 494. 出难题的公公

从前，有个老头很聪明，也很喜欢出一些奇怪的题目考别人。他有三个儿子，都娶了媳妇。一天，老头跟三个儿媳妇说："你们都好久没有回娘家了，今天就让你们回去看看吧。"三个儿媳妇一听都非常高兴，忙问公公她们可以在娘家住多久。老头说："大媳妇住三五天，二媳妇住七八天，三媳妇住十五天。三个人要同去同回。"老头接着又说："这次回去，你们要带些东西回来孝敬我。大媳妇带'骨头包肉'，二媳妇带'纸包火'，三媳妇带'河里的柳叶沤不烂'。"

三个媳妇走到大门口，开始犯了难，要求的时间不一样，还要同去同回，还有带的礼物，更是听都没听过，可又不敢直接问公公。正不知该如何是好的时候，一个小孩子从门前经过，看到她们愁眉苦脸的样子，就问她们怎么了。三人忙把事情原委告诉了小孩子。小孩子笑着说："这好办，你们照我说的做就可以了。"三个人听完非常高兴，欢欢喜喜地分别回娘家去了。

你知道三个媳妇该住几天，该带什么礼物吗？

## 495. 秀才做菜

从前有个秀才，精通诗词歌赋，无论做什么事都能与诗句联系起来。一天，秀才的妻子给他出了一道难题，用两枚鸡蛋和一些菜叶子做四个菜，而且每道菜还要配上一句古诗。

秀才想了想就欣然接受，做了四道菜：第一道，两个炖蛋黄，几根青菜丝；第二道,把熟蛋白切成小块,摆成一排,下面铺上一张菜叶子;第三道,把剩下的蛋白堆成一堆;第四道,一碗清汤,上面浮着几块鸡蛋壳。

你知道这四道菜代表的是哪四句诗吗?

## 496. 下一站去哪儿

姜明住在苏州,他的老同学王凯准备用假期时间四处旅游一番。很快苏州之行就要结束了,三天的热情款待,王凯对姜明深表谢意。姜明笑道:"都是老同学老朋友了,不必客气。你下一站准备去哪儿呢?我给你订票。"王凯开着玩笑说:"那我可要考考你了,我的下一站是'舍车登舟',你猜猜我打算去哪儿?"姜明想了一会儿,就猜出了王凯的目的地,并且准确地给他买了车票。

你知道王凯的谜语是什么意思吗?他的下一站是哪儿?

## 497. 出差的地点

一天晚上下班后,小明回到家中,对老婆说:"老婆,我下周要去两个地方出差。"老婆问:"都去哪儿呀?"小明拿起书桌上的一只圆规,在白纸上画了个圆圈,回答道:"你看我画的鸡蛋像不像?这就是我要去的第一个地方。"老婆又问:"那第二个地方呢?"小明回答说:"只要路上不出意外,我就可以到达第二个地方了。"老婆听后,一下子就猜出了小明出差的地点了。

你知道小明要去的地方都是哪里吗?

## 498. 郑板桥行酒令

郑板桥不当县令后,在扬州闲居,经常和一帮文人墨客聚会饮酒。一次,郑板桥家里来了三名客人,一位是怀才不遇的清客,一位是骄矜自恃的离任道台,一位是皓发白首的忠厚长者。喝酒的时候,大家建议行酒令。每人分别抽一个字,并以字为题行令。清客抽到的是"溪"字,道台抽到的是"淇"字,老者抽到的是"湘"字,而郑板桥抽到的是"清"字。

清客与道台素来不和,于是便借机讥讽,吟道:"有水便是溪,无水也是奚;去掉溪边水,添鸟就成鸡(鸡)。得意猫儿强似虎,落毛凤凰不如鸡。"

离任道台知道清客在讽刺自己处境潦倒,于是回击道:"有水便是淇,无水也是其;去掉淇边水,添欠便是欺。龙游浅水遭虾戏,虎落平阳被犬欺。"

郑板桥连忙示意老者,要他劝说几句,哪知老者不愿掺和两人纷争:"有水便是湘,无水也是相;去掉湘边水,添雨便是霜。各人自扫门前雪,莫管他人瓦上霜。"

无奈,郑板桥只好自己说和。于是他以"清"字为题行了酒令,终于平息了二人的纷争。

你能根据前面三人的酒令，猜出郑板桥是如何行的酒令吗？

## 499. 苏轼猜谜

传说，北宋大文学家苏轼有个聪明绝顶的妹妹叫苏小妹。一次，兄妹二人猜谜。苏轼说："我有一物生得巧，半边鳞甲半边毛，半边离水难活命，半边入水命难保。"苏小妹一听就猜出了谜底，说："那我也给你猜一个字谜吧。我有一物分两旁，一旁好吃一旁香，一旁眉山去吃草，一旁岷江把身藏。"

苏轼听完哈哈大笑，因为妹妹和自己猜的是同一个字谜。

你知道谜底是什么吗？

## 500. 他在干什么

一天放学后，小明写完作业打算找同学小刚玩。到了小刚家门口，遇见了小刚的爸爸。小明说要找小刚玩，小刚的爸爸说："不行啊，他正忙着呢！"

小明问："作业应该早就写完了，他还在忙什么呢？"

小刚的爸爸拿出一张小刚写的纸条交给小明，说："这是小刚写的，你看明白了就知道他在干什么了。"只见纸条上写着："他一句，我一句，他说千百句，我也说千百句。我说的，就是他说的。"

你知道小刚在干什么吗？

# 答案

**1.** 他先将 9 块蛋糕分装在 3 个盒子里，每盒 3 块，然后把 3 个盒子一起放在一个大盒子里。这样就可以了。

**2.** 他把 4 个羊圈围成 4 个同心圆，在最里边的羊圈里放了 10 只羊。

**3.** 第一排第二个。把四幅图重新排列一下，就可以清楚地看出来了。

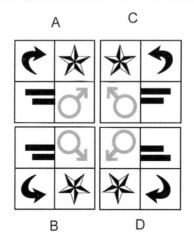

**4.** 从孩子带父母转向父母带孩子就行了。父亲说："你好，我带了两个 20 多岁的孩子来看电影。"售票员听了哈哈大笑，这符合了电影院的规定，就把票卖给他们了。

**5.** 先由分汤的罪犯把汤分成 8 份，剩下的 7 个人先选择，最后剩下的那一份留给分汤的犯人。这样分汤的犯人为了自己的公平，就必须把汤分得平均。

**6.** 老人说："这就是那位朋友送来的兔子的汤的汤的汤。"我和你是朋友，你和他是朋友，我和他可能是朋友，也可能不是朋友而是冤家。老人的机智就在于形象地把朋友间的非传递关系揭示了出来。

**7.** 人先抱着猫过河，然后人回来把狗带过去，回来的时候把猫带回来，放在这岸，然后把鱼带过去，最后再回来带猫。这样就可以安全过河了。

**8.** 总统解释说："如果我一开始就选 10 元，那以后还有谁会拿钱来给我选呢？"

**9.** 把其中一截金链的 3 个金环切断，得到 3 个断的金环，然后用这 3 个断的金环把其余的 4 截金链连起来就可以了。这样做只切断 3 个环，损失最少。

**10.** 孙膑先以田忌的下等马对齐威王的上等马，第一局毫无疑问地惨败。接着进行第二场比赛，孙膑用上等马对齐威王的中等马，胜了一局。第三局比赛，孙膑用中等马对齐威王的下等马，又胜了一局。比赛的结果是三局两胜，当然是田忌赢了齐威王。还是同样的马匹，由于调换一下比赛的出场顺序，就转败为胜了。

**11.** 孙膑从容地拿了 1 个饼吃了起来。当庞涓还在吃第二个饼时，孙膑已经吃完了手中的饼，从桌上拿了 2 个饼，于是桌上没有饼了。最后孙膑吃了 3 个饼，庞涓只吃了最初拿的 2 个饼。

我们看到，故事中庞涓先拿了 2 个饼，最后他输了，所以，显然这不是他最好的策略。如果庞涓一开始只拿 1 个饼呢？这时候，如果孙膑拿 2 个饼的话，孙膑必然是输家。那么孙膑的策略也只能是拿 1 个饼。庞涓、孙膑各拿了 1 个饼后，剩下 3 个饼，此时就看谁吃得快了，谁吃得快谁再拿 2 个，就能成为最终的赢家。

**12.** 只需割开第 3 个环就可以了，这样 7 个金环就分成了 1 个环(1)、2 个环连在一起(2)和 4 个环连在一起的(4)三部分。

第一天，拿第一个(1)付工钱，工人得到 1；

第二天，拿第二个(2)换回第一个(1)，工人得到 2；

第三天，拿第一个(1)付工钱，工人得到 1+2=3；

第四天，拿第三个(4)换回前两个，工人得到 4；

第五天，拿第一个(1)付工钱，工人得到 4+1=5；

第六天，拿第二个(2)换回第一个(1)，工人得到 4+2=6；

第七天，拿第一个(1)付工钱，即可。

**13.** 一根两头点燃，另一根一头点燃，当第一根烧完后，是 30 分钟。此时，第二根再两头点燃，可得 15 分钟。二者相加就可以得到 45 分钟。

**14.** 1 小时很容易计时，关键是 15 分钟。如果两头一起点可以得到半个小时，而 15 分钟又恰好是半个小时的一半，所以要想办法得到能烧半个小时的香，这步是解题的关键。先拿两根香，第一根两头一起点，第二根只点一头。等第一根烧完之后，即半个小时之后，第二根剩下的部分还可以烧半个小时。此时将第二根两头一起点，从这时起就可以计时 15 分钟了，然后等烧完之后再点一根香，两头一起点，烧半个小时，加起来就是 1 个小时 15 分钟。

**15.** 写"本条街上最好的裁缝"。

**16.** 让两个孩子分别坐在一个竹筐里，然后这个农民把竹筐前后调一下，这样两个孩子就换过来了，谁也不用后退了。

**17.** 因为有两个同学都交了白卷，所以卷子是完全相同的。

**18.** 小孩说："你欠了我 10 个铜板。"如果无赖回答相信，他要给小孩 10 个铜板，还不如回答不相信赔 5 个铜板划算。

**19.** 只需把竖排的除了交叉点的那枚硬币外的任何一枚硬币拿起来，重叠放在交叉点的那枚硬币上就可以了。

**20.** 他选择在周一、周三、周五的午夜读书，每次读 2 个小时，然后周日再读 2 个小时。前三次每次读书都跨过了 2 天时间，所以满足了老师叫他每天都要读书的要求。一个星期内他一共读了 8 个小时书。

**21.** 也许你会认为是一根，变为 I+IX=X(1+9=10)，但是还有更少的，就是一根也不用移，倒过来看看 XI=X+I (11=10+1)。

**22.** 兔子先背 50 根到 25 米处，这时，吃了 25 根，还有 25 根，放下。回头再背剩下的 50 根，走到 25 米处时，又吃了 25 根，还有 25 根。再拿起地上的 25 根，一共 50 根，继续往家走，还剩 25 米，要吃 25 根，到家时最多剩下 25 根。

**23.** 他从北京到天津的平均速度为 30 千米/小时，而要想让全程的平均速度达到 60 千米/小时，也就是 2 倍的 30 千米/小时，即他从天津返回北京的时候不能用时间，这是不可能的。所以，他怎么做也做不到使全程的平均速度为 60 千米/小时。

**24.** 把 14 分解因数，则 14=7×2×1 或 14=14×1×1(有可能是双胞胎)。

**25.** 因为我的闹钟是电子钟，那个分时数字右上角的那一竖坏了，可以正确显示 5，也可以正确显示 6，却不能正确显示 8 和 9，到了 59 分时，也只能显示 55。

**26.** 如下图所示扩大水池即可。

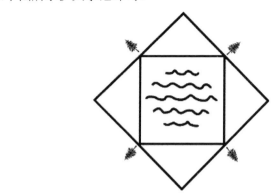

**27.**

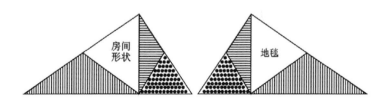

因为只有等腰三角形翻过来才能和原来形状一样，所以裁剪方法如上图所示，先作一条垂线，然后分别连接两腰的中点，这样分成四份，构成了四个等腰三角形，然后分别翻过来，放在房间的对应位置上，缝起来即可。

**28.** 这个英国人不紧不慢地对灯神说："给我来瓶酒。"灯神给了他酒。英国人拔去瓶盖，坐在地上慢悠悠地品尝起来。美国人和法国人则焦急地看着英国人，等着他许第二个愿望。英国人终于将最后一口酒喝进嘴里，于是站起身拍了拍屁股，对灯神说："好了，没什么事了，你走吧！"

**29.** 如果我是小磊，一进门就先跟妈妈说："今天考试好难，全班都不及格，只有一个人及格了。"

"谁啊？"

"我。"

"多少分啊？"

"60 分。"

说的话是一样的，但语言顺序不同，效果也许就完全不一样了，就算妈妈觉得 60 分比较少，但也不会一巴掌就打过去，说不定想到孩子其实是第一名，还会给一番奖励呢。

**30**. 原来，这块土地的南北和东西方向是这个正方形的两条对角线，所以面积只有 5000 平方米，而不是 10000 平方米。

**31**. 牌子上写着"额满，暂不雇用"。这个大学生通过自己制作的牌子表达了自己的机智和乐观，给总编留下了美好的"第一印象"，引起其极大的兴趣，从而为自己赢得了一份满意的工作。这种"第一印象"的微妙作用，便是首因效应了。

**32**. 谁最胖就把谁扔出去。

**33**. 带 A 马和 B 马过去，牵 A 马回来，来回需要 1+2=3(小时)。然后再带 C 马和 D 马过去，牵 B 马回来，需要 5+2=7(小时)。再牵 A 马和 B 马过去，需要 2 小时。一共是 3+7+2=12(小时)。

**34**. 五小块图形中最大的两块对换了一下位置之后，被那条对角线切开的每个小正方形都变得高比宽大了一点点。这意味着这个大正方形不再是严格的正方形。它的高增加了，从而使得面积增加，所增加的面积恰好等于那个方洞的面积。

**35**. 他只需把地毯卷起来，直到能够到飞机为止即可。

**36**. 蜡烛。什么东西才可以装满整间大殿？这个东西肯定是无形的，因为有形的东西是很难装满房间的。于是他想到了光，光可以照到房间的各个角落！

**37**. 没有。他父亲今年 50 岁，地球每年绕太阳 1 圈。

**38**. 此题中所给的所有数字都是没用的，都是用来扰乱人们思路的。因为农场主决定要种 10 公顷小麦，让他们各自包一半，也就是每人 5 公顷，而且是各干各的，只是完成的时间不同罢了。按照工作量取得报酬，两个人应该是一样的，也就是每人 50 元。

**39**.

(1) 100 年

(2) 巴拿马

(3) 猫

(4) 十月

(5) 骆驼

(6) 金丝雀

(7) 乔治

(8) 紫色

(9) 中国

(10) 黑色

如果你的答案是这样的话，那你就全错了！

正确答案是：

(1) 英法百年战争1337年开始，1453年结束，共打了116年。"百"是虚指。

(2) 巴拿马帽是厄瓜多尔制造的。在19世纪中叶，巴拿马运河是美洲西岸及欧洲之间的一条主要通道，厄瓜多尔商人通过这条通道出口草帽去欧洲。这些草帽非常受当时的欧洲人欢迎，因此，人们仍称之为"巴拿马帽"。

(3) 猫肠是从羊和马身上来的。猫肠是用来做乐器弦的。有人发现用羊肠和马肠做弦效果不错，但因为一些迷信，只好宣称是猫肠以减少竞争者。

(4) "十月革命"发生在公历1917年11月7日，这一天是俄历(儒略历)1917年10月25日，故称为"十月革命"。

(5) 骆驼毛刷是用松鼠毛造的。

(6) 太平洋的金丝雀群岛是以狗命名的。金丝雀群岛又叫加纳利群岛，这里因盛产世界上最凶猛的十种猛犬之一的西班牙加纳利犬而得名。不过加纳利的中文翻译是金丝雀，所以这个岛又叫金丝雀群岛。

(7) 英皇乔治五世的名字是艾伯特(Albert)，不是乔治(George)。

(8) 紫织布鸟是深红色的。

(9) 中国醋栗是在新西兰出产的。

(10) 客机上的黑匣子是橙色的。"黑匣子"是飞机专用的电子记录设备，它能把飞机停止工作或失事坠毁前半小时的语音对话和两小时的飞行高度、速度、航向、爬升率、下降率、加速情况、耗油量、起落架放收、格林尼治时间，还有飞机系统工作状况和发动机工作参数等飞行参数都记录下来，需要时把所记录的内容解码，供飞行试验、事故分析之用。

黑匣子的外表并不是黑色的，而是醒目的橙色，表面还贴有方便夜间搜寻的反光标识。因为它记录的数据必须通过专用的设备和软件才能解读和分析，而且事故的数据非常关键和神秘，再加上在一些事故中记录器经常会被火烧变成黑色，所以人们将其称为"黑匣子"。

**40.** 很显然现在我们是醒着的，也就是说我们刚刚醒来过。而每次入睡都会有醒来的时候，所以这个问题就要考虑我们出生的时候是睡着的还是醒着的。如果出生时，我们是睡着的，那么我们的第一个动作就是醒来，所以醒来的次数比入睡的次数多一次；如果我们出生的时候是醒着的，那么我们的第一个动作就是入睡，所以我们入睡的次数和醒来的次数是一样多的。

**41.**

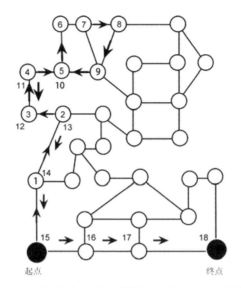

**42.** 什么也看不见。因为各个方向都铺满了镜片，又无缝隙，进不了光线。

**43.** 如下图所示。

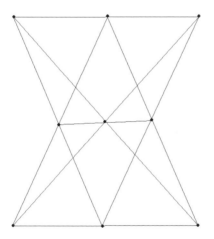

**44.** 丈夫分别用 ABC 表示，妻子用 abc 表示。会划船的人分别为 a、B、c。

| 此 岸 | 船 上 | 彼 岸 |
|---|---|---|
| ACac | Bb | |
| ACac | B | b |
| ABC | ac | b |
| ABC | a | bc |
| Aa | BC | bc |

续表

| 此　岸 | 船　上 | 彼　岸 |
|---|---|---|
| Aa | Bb | Cc |
| ab | AB | Cc |
| ab | c | ABC |
| b | ac | ABC |
| b | B | ACac |
|  | Bb | ACac |

**45**. 把动物都用字母表示，分别为 A、a、B、b、C、c。其中 A、a、B、C 会划船。

aB→，A←，=B；

aC→，A←，=bC；

BC→，BB←，=CC；

AA→，CC←，=AA；

BC→，A←，=ABC；

aB→，A←，=ABbC；

aC→，=AaBbCc。

**46**. 楚庄王趁着还没有点蜡烛时下令道："先不要点蜡烛，今日君臣欢宴，不拔去帽缨不能尽兴，请大家都把帽缨拔下来。"

就这样，所有的将士都拔去自己的帽缨，大厅的灯火才重新点亮起来。唐狡偷偷擦去头上的冷汗，心里无比感激楚庄王。

事情并没有就此结束。几年之后，楚国又与邻国发生战事，楚庄王亲率三军督战。出发前，唐狡请求带百余人做开路先锋。唐狡身先士卒，带领这百余人以一当十，勇猛拼杀，直杀得敌军望风而逃。

楚庄王率领大军紧随其后，长驱直入，大获全胜。

战争结束后，楚庄王决定重赏唐狡。

唐狡却说："我受大王恩典已经很厚了，那次宴会上我对王妃无礼，大王恩待不杀，我就是肝脑涂地也报答不了大王的恩典，怎还敢领赏呢！"

楚庄王听后十分感动，深深感受到关爱将士的重要性。最后，他还是重重地奖赏了唐狡。

**47**. 可以这样回答："当年我们是说等你长大懂事后自然会明白我们是为你好，虽然你现在长大了，可是你思考问题还是像个小孩一样不成熟。你没看出我们的决定有什么好的地方，这说明你还没有懂事！"

**48**. 两个人分别在河的两岸。一个人划船过去，把船交给另外一个人，他划船过来。这样就可以了。

**49**. 他对吝啬鬼说:"你别小看这盘炒竹片,如果你早来 3 个月,这就是一盘炒竹笋。"

**50**. "你正在阅读这本书。"

**51**. 他说:"你把这个条幅的字念反了,我写的是'色褪不保'。已经事先声明了,所以不能退货。"

**52**. 这是一个说话的顺序问题。第一次,先问"结婚了没有",既然对方回答"还没有",就不应该问"有几个孩子";第二次,先问"有几个孩子",既然对方回答"两个孩子",就不应该问"结婚了没有"。两次他的预设都不合理,所以才会遭人白眼。

**53**. 不可能,因为不孕症是不可能遗传的,否则他是哪里来的呢?

**54**. 因为小王家的灯坏了,才叫朋友来修的。朋友不该看到屋子里黑咕隆咚的就判断家中没人。

**55**. 他的错误属于轻率归纳。从"一楼每天 500 元,二楼每天 400 元,三楼每天 300 元"是不可能推出"六楼一定是不要钱"的。

**56**. 他的错误属于轻率概括。因为"芹"不只是女性才会用,这不是一种必然性;同样,只有女人才梳辫子也不是一种必然性。

**57**. 首先,他举起连着的双手,把 T 恤从头顶脱下来,挂在两只手上。这时,衣服里面朝外挂在绳子上。然后,把 T 恤从一只袖子中穿过,这样就把 T 恤翻了个面。然后再套在头上。这样就正过来了。

**58**. 因为折射现象的存在,站在岸边的人看过去,鱼会与它所在的位置偏离,子弹当然打不倒它。

**59**. 首先把两个沙漏同时翻转开始计时,7 分钟的沙漏漏完把它翻转过来,这时是 7 分钟;然后到第 10 分钟的时候,10 分钟的沙漏漏完,也翻转过来。等 7 分钟的沙漏再漏完后,此时为 14 分钟,而且 10 分钟的沙漏漏下去 4 分钟的沙子。把 10 分钟的沙漏翻转过来,直到漏完,就是 18 分钟了。

**60**. 在冰面上撒些炭粉或者黑土,由于深色可以吸收更多的太阳光,可以让冰加快融化。

**61**. 组合成 129,让 6 号运动员倒立。

**62**. 设四个开关分别是 A、B、C、D,先开 A、B,过一段时间后,关掉 B 打开 C,然后走进屋。此时四个灯泡中又热有亮的对应 A,只热不亮的对应 B,只亮不热的对应 C,不亮也不热的对应 D。

**63**. 把盒子倾斜,使水面刚好到达边缘,看盒子底下的边缘在水面之上还是之下。

**64**. 现在是上午,胖的是哥哥。

假设:现在是上午,那么哥哥说实话,也就是较胖的是哥哥。那么没有矛盾,假设成立。

假设：现在是下午，那么弟弟说实话，而两个人都说我是哥哥，显然弟弟在说谎话，所以矛盾，假设不成立。

**65.** 都还是 30°，无论用多大倍数的放大镜看，角度是不会变化的。

**66.** 皮皮白白辛苦地行走了全路的 1/2，他步行加乘车与等在车站乘车所用的时间一样多。因为他步行全程的 1/2 所用的时间就跟他在车站等车是一样的，他走与不走最终都按那辆班车到达目的地的时间来计算所用的时间。他除了在心理上得到一点安慰外，是不会节约 1 分钟的。

**67.** 1 分钟 58 秒。

分析：我们可以从第二秒的时候瓶里有两个小虫计时，它分裂到最后填满小瓶需要的时间就是除去最先由一个分裂为两个小虫的时间，即两秒。减去这两秒，也就是说，两个小虫分裂满一瓶需要 1 分钟 58 秒。

**68.** 8 天。

第一天白天，蜗牛向上爬到 3 尺处，到了晚上向下滑到 1 尺处，所以第一天蜗牛最高到 3 尺处；第二天白天，蜗牛向上爬到 4 尺处，到了晚上向下滑到 2 尺处，所以第二天蜗牛最高到 4 尺处。以此类推，蜗牛爬到 10 尺处的时间是 10-2=8，即第八天白天。当蜗牛在第八天爬到顶端时，它不会再往下滑了，所以蜗牛 8 天可以爬到顶端。

**69.** 一共有 7 只兔宝宝，兔兄弟 4 只，兔姐妹 3 只。因为每只兔宝宝在说兄弟姐妹数量时，都不会算自己。

**70.** 要知道，菠萝原本是 1 元钱 1 斤，也就是说，不管是里面部分还是皮都是 1 元钱 1 斤。而分开后，里面部分只卖 7 角，皮只卖了 3 角，当然要赔钱了。

**71.** 这个数字是 43。"43"读作"四十三"，去掉"四"为"十三"，去掉"三"为"四十"。

**72.** 因为这天，时钟刚好比标准的时间慢 6 小时。从这天以后，钟比标准时间慢 7 小时、8 小时、9 小时……但是它的显示却和标准时间接近了，也就是比时钟显示时间快了 5 小时、4 小时、3 小时……

**73.** 还是 30 分钟，因为雨量大小不变而且水桶口的面积也没有变，接到的水量也不变，时间也就不会变。

**74.** 圆木向前滚一圈后，它们使重物相对它们向前移动了 1 米，而它们相对地面又向前移动了 1 米，所以一共向前移动了 2 米。

**75.** 三人最终都坐在同一辆车上，当然也是同时返校。但是最聪明的是甲，他安逸地留在原地等着，比另两个人都少走了一段路。

**76.** 按照最少的候选人数投票，也就是说，假设这 49 票都投给了 4 个人，那么第三名一定要得到比平均数多的票才能当选。而平均数是 49/4=12.25，所以至少要得到 13 票，才能确保当选。

**77.** 我们把饼的两个面分别叫作正面和反面，这样，用 3 分钟烤三张饼的方法如下：

第 1 分钟，煎第一张饼和第二张饼的正面。

第 2 分钟，先取出第二张饼，放入第三张饼。然后煎第一张饼的反面和第三张饼的正面。这样，第一张饼煎熟。第二张饼和第三张饼都只煎了正面。

第 3 分钟，煎第二张饼和第三张饼的反面。这样，三张饼就都煎好了。

**78**. 他赔了，赔了 50 元。

**79**. 小张是 1973 年出生的。注意：先估计大约年份为 1970 年，再根据数字和年份差相等的特征推算出结果。

**80**. 21。前一项加一等于后两项之和。

**81**. 这个房间的门牌号码是 1986。9861-1986=7875。

**82**. 小李的情况出现的概率是 4×1/6×5/6×5/6×5/6=500/1296；小王的情况出现的概率是 1-500/1296=796/1296。所以小王获胜的可能性大。

**83**. 如果你认为是 1/9，那就错了，答案是 1/10。假设有 9 升水，在它结成冰的时候，体积就是 10 升。所以这 10 升冰融化后，当然变成了 9 升水。这样，减少的体积就是原冰体积的 1/10。

**84**. 师母的生日是 1 月 8 日。

**85**. 可能的答案是 52 岁和 25 岁、63 岁和 36 岁、74 岁和 47 岁、85 岁和 58 岁、96 岁和 69 岁。但与我的朋友已经表演魔术的时间相一致的岁数是 74 岁和 47 岁。

**86**. 不可能。妇女所生的第一胎中，男女比例各占一半。母亲生了女孩的不能再生孩子，生了男孩仍然可以生第二胎，这第二胎中的男女比例也是各占一半。第二胎生女孩的母亲被禁止生育，留下来的仍然可以生第三胎……在每一轮比例中，男女的比例都是各占一半。因此，将各轮生育的结果相加起来，男女比例始终相等。

**87**. 威尼、他的妻子、孩子与狗可以下列顺序逃生：

放入孩子，升起篮子→

放入小狗，升起孩子→抱出孩子

威尼进入，升起小狗→威尼落地

放入孩子，升起篮子→

放入小狗，升起孩子→威尼抱出小狗

孩子降下，升起篮子→

威尼、狗、孩子进篮，妻子进篮→威尼、狗、孩子进屋，妻子落地

放入孩子，升起篮子→

放入小狗，升起孩子→妻子抱出小狗

孩子降下，升起篮子→妻子抱出孩子，放入小狗

威尼进入，升起小狗→放入孩子，威尼落地

小狗降下，升上孩子→抱出小狗

孩子降下，升起篮子→抱出孩子

完成！

**88.** 如果是三类药，我们可以在第一瓶药中取一颗，第二瓶药中取 10 颗，第三瓶药中取 100 颗；如果是四类药，则可继续在第四瓶药中取 1000 颗，依此类推……然后，将所有的药放在一起，称得总重量，那么个位数上如果为 1，就说明第一瓶药为 1 克的药；如果为 2，就说明第一瓶是 2 克的药；如果为 3，就说明第一瓶是 3 克的药。

十位数上的数字就是第二瓶药的规格，百位上的数字就是第三瓶药的规格，依此类推……

对于有四种规格、五种规格……只要药的规格没有大于 10 克就都可以用这个方法。

当然，我们在这里没有考虑代价的问题。

要考虑到代价的问题，我们就要先看最重的药是多重，比如上面例子是 3 克，就不要用 10 进制，而是改用 3 进制。这样就可以节省很多药品。

如果有 $n$ 类药，就用 $n$ 进制。

第一个瓶子里取 $n_0$ 颗药，第二个瓶子取 $n_1$ 颗药……第 $k$ 个瓶子取 $n(k-1)$ 颗药。

把最后称出来的总重量从十进制变换成 $n$ 进制，然后从最低位到高位就依次是各瓶药的规格了。

**89.** 分法如下图所示(只是其中一种情况)。

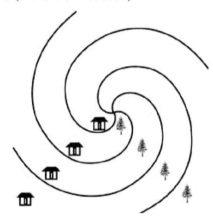

**90.** 这是一首藏头诗，把每一句诗句的第一个字拿出来组成一句话，就是提示：绿彩笔内账单速毁。

**91.** 皮特回答说："先救未来的母亲！"两个人结了婚，丈母娘就是未来的母亲了，而结婚后不久，苏珊有了自己的孩子，也会成为未来的母亲。一语双关，两个人都心满意足。

**92.** 需要 16 分钟。把原料一起放进锅里炸，在每个人希望的时间里捞出其要吃的东西即可。

**93.** 两个 8 斤装的桶分别设为 1 号和 2 号，3 斤的空酒瓶设为 3 号，四人设为甲、乙、丙、丁。16斤的酒让4人平分，每人应分到4斤，现在开始分酒：

(1) 用1号的酒把3号倒满，让甲喝掉3号里的3斤，然后再把1号的酒倒入3号，让乙喝掉1号剩下的2斤。这时1号容器是空的，2号、3号都是满的。

甲喝了3斤，乙喝了2斤，丙、丁都没喝。

(2) 把3号里的3斤倒入空的1号里，接着把2号里的酒倒入3号，3号再倒入1号，再把2号里的酒倒入3号，3号里有3斤，而1号只能再倒2斤。当1号倒满时，3号里剩下1斤，这样1号是8斤，2号是2斤，3号里剩下1斤。

3号里的1斤让丙喝。

(3) 把1号倒入空的3号，再把2号倒入1号，这样1号里是7斤，3号是3斤。接着把3号倒入2号，把1号倒入3号，3号再倒入2号，1号再倒入3号，这时1号有1斤，2号有6斤，3号有3斤，1号的1斤让丁喝。

(4) 用3号把2号倒满，这样3号剩下1斤，让甲把3号喝掉(甲喝了3+1=4斤)。这时1号和3号是空的，2号是满的，再把2号倒入3号，让丙把3号喝掉[丙喝了1+3=4(斤)]。

(5) 再把2号倒入3号，这时2号里有2斤，3号里有3斤，让乙把2号喝掉[乙喝了2+2=4(斤)]，丁把3号喝掉[丁喝了1+3=4(斤)]。

如此下来，四个人都喝足了4斤酒。

**94.** 需要计算每户实际需要动用的玉米就行。所以A拿出80斤玉米，分给B、C、D、E每家20斤即可。

**95.**

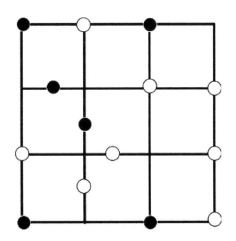

**96.** 把罗马数字12(XII)拦腰切成两半，就成了两个罗马数字7(VII)。

**97.** 同时到达地面。因为重力加速度与水平速度无关。

**98.** 一个球同时最多与另外12个相同的球接触：中线上围6个，两端各放3个。这是同时能装下的最大数目。因此，一次能把13个小球塞入直径是其3倍的大球中。

**99**. 从其他 3 个轮胎上各取下 1 个螺丝，用 3 个螺丝固定刚换下来的轮胎，可以勉强开到修车厂。

**100**. 先把纸倒过来，再加上个"S"，就变成 SIX 了。

**101**. 不是，敲第 12 下的时候，是 12 点 0 分 55 秒。虽然钟敲了 12 下，但时间的间隔只有 11 下，所以敲第 12 下是 55 秒。

**102**. 如下图这样组合，就会出现 8 个正方形。

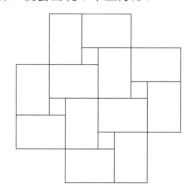

**103**. 将这 23 枚硬币分为两堆，一堆 10 个，另一堆 13 个，然后将 10 个的那一堆所有的硬币都翻过来就可以了。其实就是取了个补数。

**104**. 13 辆。

**105**. 答案为 18 瓶。

先买 18 瓶，喝完之后，用 18 个空瓶子可以换 6 瓶饮料，这样就有 18+6=24(人)喝到饮料了。然后，再用 6 个空瓶子换 2 瓶饮料，喝到饮料的有 24+2=26(人)。向小店借 1 个空瓶子，加上剩下的 2 个空瓶子，换 1 瓶饮料给第 27 个人。喝完后，再把最后 1 个瓶子还给小店。

**106**. 只需一层，只要把轮胎竖起来铺就行了。注意：这种问题要学会换一种思维方式。

**107**. 1 分钟后。

**108**. 地球人为外星科技在数据压缩上的超高效率感到惊讶，就请教怎么用一根短短的金属棒记录下所有图书馆里藏书内容的方法。

外星人答道："我先把你们地球人用的字母、数字、符号等用数字一一编号，零用来作分隔符号。比如'cat'这个单词就编号为'301022'。我再用快速扫描装置扫描这些书的内容，所有书的内容合并成一串长长的数字。这串数字前面加一个小数点，它就变成了一个小数。最后我在这根 1 厘米长的金属棒上标记出刚才那个小数对应的点，所有书的内容就被我记录下来了。"

**109**. 学生甲想："如果我的钱多，我就会输掉这些钱；如果他的钱多，我就会赢到他所有的钱。所以赢的要比输的多，这个游戏对我有利。"同样的道理，学生乙也觉得这个游戏对他有利。

# 答案

那么，同一个游戏怎么会同时对双方都有利呢？大家仔细想一想吧！

**110**. 3个棋子放在等边三角形的三个顶点；4个棋子放到正四面体的四个顶点。

**111**. 当这个奇怪现象被发现后，人们就开始对沙漏进行复杂的研究。但这个题目的原理还是相当简单的。

当圆柱被颠倒过来后，沙漏会因质心变高而翻倒，而其浮力也会帮它卡在圆柱里。沙漏和圆柱间的摩擦阻碍沙漏上浮，直到大部分沙子漏下，使其质心再次降低。这时沙漏才会摆脱摩擦浮到顶部。

**112**. 当站在极点上时已经经过了所有经线，所以只需要走到南极就能达到要求。因此，环球旅行的最短路程为2万公里。

**113**. 假设4刀在西瓜内部切出了个四面体。根据这个四面体，西瓜被分成如下区域：顶点4个区域、边6个区域、面4个区域和四面体本身，共15块。

**114**. 是真的。

用洗牌技巧使得重新洗完牌后，原来每组牌的第一张按顺序成为第一组，原来每组牌的第二张按顺序成为第二组，依此类推。

这样，当观众点头的时候，这位观众刚才抽的第几组，现在这组牌里的第几张就是他刚才记下的牌。

**115**. 排成一个五角星形状，五个角的顶点加上五角星内部5个交点，一共10个点，就是放巧克力的地方。

**116**. 桥支撑不住。牛顿第三运动定律指出，力的作用是相互的。杂技演员把球扔向空中时对球施加了一个力，这个力比球的重力大。这个力，加上杂技演员自身和剩下两个球的重量一定会压垮桥的。

**117**. A把扑克放进盒子，用自己的锁把盒子锁上。B拿到盒子后，把盒子加一把自己的锁，并递回给A。A拿到后，取下自己的锁，再递给B。B取下自己的锁，获得扑克。

**118**. 把1500颗糖分成1、2、4、8、16、32、64、128、256、512、541十一份，每份包成一包。这样只要少于1500颗糖，无论客人要多少颗，都可以成包买走。

**119**. D的评价是正确的。婧婧犯的正是"混淆概念"的错误，两个"3分钟"是不相同的，一个标准，一个不标准，因此，婧婧的推断是错误的。

**120**. 他就带了2匹马。

**121**. 小孩说："那么，你用什么去装这种液体呢？"

**122**. 把第二个盛满水的杯子拿起来，把水倒入第五个杯子(中间的那个空杯子)，然后再把手里的杯子放回原处。

**123**. 第一组数字发音都是第一声，第二组数字发音都是第四声，第三组数字发音都是第三声。

**124.** 挂有"男女"牌号的房间。因为确定每个牌子都是错的，所以挂有"男女"牌子的房间一定是只有男男，或者只有女女。很容易就能判断出来了。

确定了这个，其他两个也就出来了。

**125.** 他抱起老人的西瓜就跑，老人一定会去追。

**126.** 这招果然奏效，没过多久，就有一个盗贼将同伙擒献于官府。

审理时，被擒的盗贼不服，说："此人和我一起为盗已经17年了，每次所得的贼赃都是两人平分，他有什么资格抓捕我获赏？"崔安潜说："既然你也知道我张贴了告示，为何不先下手将他擒来？这没什么可说的，要怪也只能怪你自己下手太迟，所以他能受赏，而你要受罚。"

崔安潜当即下令兑现诺言，将赏钱发给擒盗者，然后将被擒的盗贼严惩示众。

消息传开之后，其余的盗贼都开始互相猜忌，彼此提防，整天钩心斗角，不得安宁。于是他们互斗的互斗，逃亡的逃亡，没过多久，西川境内就再也没有盗贼了。

**127.** 你应该选择开除部分员工，为什么呢？

如果你给每个人都减薪15%，有些雇员可能就会跳槽到其他公司，去谋求薪水更高的职位。而不幸的是，最有可能跳槽的都是你手下那些最优秀的雇员，因为他们更有可能在其他地方谋得更高薪水的职位。因此，每个人减薪15%，会让你流失最优秀的员工，这恰恰是你最不想要看到的。相比之下，如果你选择开除15%的员工，显然可以选择淘汰生产效率最低的那部分员工。优胜劣汰，是自然界永恒的法则。

**128.** 这家冒牌的陈麻花门前之所以排长队，是因为这家的老板经常会找一些人在门前专门排队。

当走到几家店门口时，看到有人在排长队，我们就知道一定有事情发生。

我们会认为他们排队是有原因的，这很正常，因为一般只有口味很好的麻花才值得别人排这么长的队。

当多数人都选择某个店买麻花时，我们最好也选择这个店。因为别人也有选择其他店的可能，但之所以没有选择，肯定是有所考虑的，我们也就没必要冒险了。

**129.** 这个聪明的弟子看着宽阔无边的麦田动起了脑筋：一看到好的麦穗就摘肯定是不可行的，看到好的麦穗总也不摘，期待会有更好的，同样是不可取的。

这样，就必须将前后做个比较，但麦田这么大，那么我可以将其分成三段。走到第一段时，我可以将其中的麦穗分成大、中、小三类；走到第二段时，我要验证一遍以免出错；而到了第三段时，我就可以验收成果了，只需从大类中找到最大最美丽的一株麦穗，虽然不一定是整个麦田中最大最美的，也差不了多少，足以令我满意了。第三个弟子就按照他的想法去做了，最终愉快地走完了全程。

**130.** 两兄弟交换了他们的车进行比赛。

**131.** 将完整蛋糕的中心与被切掉的那块蛋糕的中心连成一条线。这个方法也适用于立方体。请注意，切掉的那块蛋糕的大小和位置是随意的，不要一心想着自己切生日蛋糕的方式，要跳出这个圈子。

**132.** 因为明明测量的是时间。

**133.** 单价是每个字1角钱。

**134.** 这时候组织者就会耍一个花招：开始联系第一个人A的时候，组织者会告诉他，已经有很多人答应要来了，比如×××、×××等，现在就差他一个了，这样他会毫不犹豫地答应下来；联系第二个人B的时候，组织者告诉他已经有很多人都要参加，比如××和A，就等他一人了；联系第三个人C时，组织者告诉他，有很多人答应会来，比如A和B，就等他了……

如此联系下去，基本能叫到的人都会来，一场足球赛也就成功组织起来了。

在这里，组织者开始说已经有很多人答应参加比赛，只是作为预先的"假定"。这个假定带有"欺骗"，但这个欺骗是没有恶意的。这个假定对其他人心理的影响很大，最终一场球赛也得以组织起来了。

**135.** 当然，这个聪明的进口商已经预料到了这一招。他还料到，海关人员会认为这些右手套将一次整捆运来。因此，他把那些右手套分装成5000盒，每盒装两只右手套。海关人员看到一盒装两只手套，那就肯定会认为是左右手各一只。

就这样，第二批货物通过了海关，那位进口商只缴了5000副手套的关税，再加上在第一批货拍卖时付的那一小笔钱，就把一万副手套都弄到了美国。

**136.** 英国政府最终找到了一个更好的办法，那就是对运送犯人的制度稍加改变——流放人员仍然由往来于澳洲的商船运送，只是运送犯人的费用要等犯人被送到澳洲之后再支付。政府不再根据上船时的人数，而是根据到岸时活着的人数来计算费用。

这个机制的转变使犯人的死亡率从12%降低到了1%。

**137.** 这里一眼看来不过三种选择。如果你想报恩，你应当捎带上这位医生；如果你心中动了恻隐之心，你可能会带上老人上医院；但如果你的"私心"最后占了上风的话，你的选择就是带上女郎，因为这是一次难得的与你喜欢的女郎"约会"的机会。当然，你选择了这三种策略中的任何一种都有损失，而不能鱼与熊掌兼得。

这道题倒并不是想通过看受试者的选择来判断其人品，这题目有标准答案：你应当将车钥匙给医生，请他带老人去医院看病，而你陪着女郎在雨中散步。

这是一个完美的选择：老人在医生的陪同下去了医院，医生也离开了雨中的小镇，而你和女郎相伴，漫步在雨中，别有一番情调。

**138.** 他把孩子们都叫到一起，告诉他们谁叫的声音越大，谁得到的报酬就越多，他每次都根据孩子们吵闹的情况给予不同的奖励。到孩子们已经习惯于获取奖励的时候，老人开始逐渐减少所给的奖励，最后无论孩子们怎么吵，老人一分钱也不给。

结果，孩子们认为受到的待遇越来越不公正，认为"不给钱了谁还给你叫"，于是再也不到老人所住的房子附近大声吵闹了。老人从此过上了安静的生活。

**139.** 其实根本不需要镜子,一个人脸朝向东,另一个人脸朝向西,两个人是面对面的,所以不需要。本题不要陷入自己的思维误区,认为两个人是背对着的。

**140.** 某位经理出了个主意,让人事部的主任去向员工宣布这样一条消息:因为公司暂时陷入财政危机,因此要裁掉一大批人以节省开支,请员工们谅解。

这消息一出,立刻引起轩然大波。

没有谁愿意这个时候离开公司,毕竟这家公司待遇不错,而且也只是暂时的危机,熬过去的话相信能获得更大的收益。接下来的几天里,众员工皆战战兢兢,小心翼翼,生怕自己一不小心的举动就凑巧成为被裁的理由。

就在这种压抑的气氛渐渐浓郁到让人透不过气来的时候,公司总经理出面了,他带着兴奋的表情对众人说:"虽然公司现在很困难,但是员工们才是公司最宝贵的财富,经过反复的讨论,公司决定不裁员了。"说到这里,总经理故意停顿了一下。随后,员工们沸腾了,整个公司成了一片欢乐的海洋。

趁着大家的高兴劲儿还没过,总经理又说道:"但是,公司的困难总是需要解决的,所以公司会暂时削减所有人的薪水,大家一起努力渡过这个难关,待到公司摆脱困境便立刻恢复。"

这时的员工们因为经历过裁员的恐慌,对于减薪这件事已经比较能接受了,再说,将来还有可能恢复,减就减吧。

就这样,公司顺利将其减薪计划推行了下去。

**141.** 这位演说家是这样做的:"笨蛋一个!你根本就没有理解我话里的意思。"这位演说家没等他说完,就在台上对他大声呵斥。

这位听众顿时目瞪口呆,继而怒形于色,愤然起身反击:"你才是……"

但是演说家手一挥,没让他继续说下去:"对不起,我刚才并不是有意伤害你的,希望你接受我最真诚的道歉。"

这位听众的怒气此刻才渐渐平息。

出现这一插曲,在场的所有听众都纷纷议论开来。而演说家则微笑着继续他的讲演:"看到了吧,刚才我只不过说了那几个词,这位听众就要跟我拼命;后来,我又说了几个词,他的怒气就消了。因此,千万要记住,你说出的话有时就像一块石头,砸到人家身上,会使人受伤;有时,它又像春日里的和风,轻拂而过,让你备感舒心。这就是言语的威力啊!"

**142.** 农夫从树林里回来一看,驴子也不见了,就在路上一边走一边哭。走着走着,他看见池塘边坐着一个人,也在哭。农夫就问他发生了什么事。

那人说:"人家让我把一口袋金子送到城里去。实在是太累了,我在池塘边坐着休息,结果睡着了,睡梦中把那口袋推到水里去了。"农夫问他为什么不下去把口袋捞上来。那人说:"我怕水,因为我不会游泳,谁要把这一口袋金子捞上来,我就送他二十锭金子。"

农夫大喜,心想:"正因为别人偷走了我的山羊和驴子,上帝才赐给我幸福。"

于是，他脱下衣服，潜到水里，可是他无论如何也找不到那一口袋金子。当他从水里爬上来时，发现衣服不见了。原来是第三个小偷把他的衣服偷走了。

**143**．张老师吸取了教训，对后来的家长一开始先说："恭喜您啊，您孩子真有天赋，学东西特别快，进步十分明显，已经可以学习高级一些的东西了。"

家长通常都眉头一扬，心情非常舒畅，甚至有些小得意。

这个时候张老师才说："不过因为钢琴课的升级，学费可能要稍稍调整一下。"

此时家长即使不太愿意，最后也还是会接受的。

这便是话语的先后顺序所带来的奇妙现象。

**144**．解这道题，不能局限在一个平面上，而是要向立体方向发展。只需把6根火柴摆成一个正四面体，也就是一个棱锥体形状即可。另外有一个小技巧，可以使火柴不需要任何其他工具的帮助就可以保持这一形状。那就是把两根火柴的头部靠在一起，并呈60°角，第三根火柴斜着放上去，保持与其他两根都呈60°角，然后将三个火柴头点燃并马上吹灭。你就会发现，三根火柴连在一起了。这样就可以把它立起来，并在底下放三根火柴组成正四面体了。

**145**．

(1) N。1、2、3、4、5、6、7、8、9的英文one，two，three，four，five，six，seven，eight，nine的第一个字母。

(2) 这是十二个月份的英文(January、February、March、April、May、June、July、August、September、October、November、December)的首字母，所以答案是J。

(3) 键盘第二排，L。

(4) 键盘第一排，Y。

**146**．这个人去世时18岁。因为年号里没有称为公元0年的年，而生日前1天或者后1天之差，在年龄上就差1岁。

**147**．112秒。本题要注意的是1层到2层只需爬一层楼梯。也就是说，从第1层爬到第4层，只需爬3层，所以每爬一层要48/3=16(秒)，而爬到第8层需要爬7层楼梯，也就是16×7=112(秒)。

**148**．服装店现在的售价比原价低了。因为如果原价为100%，涨价到了110%，降价是按涨价后的110%降的价，降价后的价格为110%×90%=99%。

**149**．不会，还是甲蜗牛先到。因为蜗牛甲和乙的速度之比为10∶9。当甲蜗牛跑110米，乙蜗牛跑100米时，两只蜗牛所用的时间之比为：(11/10)∶(10/9)=99∶100。所以还是甲蜗牛所用时间少一些，甲蜗牛先到。

**150**．小兔子的速度是小狗的90%；小马的速度是小兔子的90%；小山羊的速度是小马的105%。所以，小山羊的速度是小狗的85.05%，还差14.95米。

**151**．首先要算出每个人吃了多少个面包，就可以得出甲、乙、丙三人每人分给丁几个面包了。所以给甲6元，给乙2元，不用给丙钱。

**152**．灯编号的平方根为整数时，开关在最后是朝下的，其他的朝上。这样1、

4、9、16、25、36、49、64、81、100 号朝下，是熄灭状态。

**153**. 学生脱口而出："那不用说，当然是那个脏的。"

希腊老师摇摇头："不对，是很爱干净的去洗。因为他养成了爱清洁的习惯，而脏人却不当一回事，根本不想洗。你们再想想看，是谁洗澡了呢？"学生忙改口："爱干净的！"

"不对，是脏人，因为他需要洗澡。"老师反驳后再次问学生，"这么看来，谁洗澡了呢？""脏人！"学生只好又改回开始的答案。

"又错了，当然是两个都洗了。"老师说，"爱干净的有洗澡的习惯，脏人有洗澡的必要，怎么样，到底谁洗了呢？"学生眨巴着眼睛，犹豫不决地说："那看来就是两人都洗了。""又错了！"希腊老师笑道，"两个都没有洗。因为脏人不爱洗澡，而干净人不需要洗澡。"

"那……老师你好像每次说得都有道理，可每次的答案都不一样，我们该怎样理解呢？""这很简单，你们看，这就是诡辩。"

**154**. "哇！"他突然跳了起来，"我真是一流的投手。"

**155**. 佛印禅师就说："四大本空，五蕴非有，请问学士要坐哪里呢？"

禅者认为我们的色身是由地、水、火、风四大假合，没有一样实在，不能安坐，因此，苏东坡的玉带输给了佛印禅师，至今仍留存于金山寺。

**156**. 一到家，牧场主就按法官说的挑选了 5 只最可爱的小羊羔，送给猎户的 5 个儿子。看到洁白温顺的小羊，孩子们如获至宝，每天放学都要在院子里和小羊羔玩耍嬉戏。因为怕猎狗伤害到儿子们的小羊，猎户做了个大铁笼，把狗结结实实地锁了起来。从此，牧场主的羊群再也没有受到骚扰。

为了答谢牧场主的好意，猎户开始送各种野味给他，牧场主也不时用羊肉和奶酪回赠猎户。渐渐地，两人成了好朋友。

**157**. 老人让他重新描了同样的画拿到图书馆门前展出。可是这一次，他要求每位观赏者将其最为欣赏的妙笔都标上记号。当他再取回画时，看画上的记号，一切曾被指责的败笔，如今都换上了赞美的标记。

"哦！"这个学生不无感慨地说道，"我现在发现了一个奥秘，那就是：无论我们干什么，只要使一部分人满意就够了。因为，在有些人看来是丑的东西，在另一些人眼中恰恰是美好的。"

**158**. 这位专家说："我的同学是这样做的：拿一张硬纸，中间对折一下，用极其醒目的颜色用粗体写上自己的名字，然后放在座位上。于是当讲演者需要听者响应时，他就可以直接看名字叫人。事实这样做确实很有效，我确实看到周围的几个同学因为出色的见解得以到一流的公司供职。"

机会不会自动找到你，你必须不断地醒目地亮出你自己，吸引别人的关注，这样才有可能寻找到机会。

**159**. 开始店主用 100 元假币换了隔壁老板 100 元真币，后来又用 100 元真币换了 100 元假币，所以两人谁也不欠谁的。因此，店主对于隔壁老板没有赔钱。但是对于顾客，相当于顾客给了店主一张 100 元的假币，也就是店主赔了 100 元，外加货物的成本。

**160**. 乙问神父："我走路时想上帝，吃饭时想上帝，吸烟时想上帝，可不可以？"

神父说："当然可以。"

于是那个乙信徒堂而皇之地叼着烟斗走进了教堂。

有时候，事情本身并不重要，关键是要学会换个说法。

**161**. 法列士选择一个晴朗的天气，组织测量队的人来到金字塔前。太阳光给每一个测量队的人和金字塔都投下了长长的影子。当法列士测出自己的影子等于他自己的身高时，便立即让助手测出金字塔的阴影长度。他根据塔的底边长度和塔的阴影长度，很快就算出了金字塔的高度。

**162**.

(1)

"是'不是'？"

"不，是'是'。"

"不是'不是'，是不是？"

"是。"

或者：

"是不是？"

"不是。"

"是不是？！"

"不是……"

"是不是！！"

"是……"

(2)

"是'是'，不是'不是'。"

"不是'是'，是'不是'！"

"不，是'是'！"

(3)

"不是'是'。"

"不，是'是'。"

"不是'是'，是'不是'！是不是？！"

"不，是'是'。"

**163**. 男孩说："我只是想知道我做得有多好！"

**164.** 因为服务小姐问我:"加 1 个鸡蛋,还是加 2 个鸡蛋?"

我笑了,说:"加 1 个。"这时,我已经明白了两个店的差异。

果然,再进来一个顾客,服务员又问一句:"加 1 个鸡蛋还是加 2 个鸡蛋?"

爱吃鸡蛋的就要求加 2 个,不爱吃的就要求加 1 个。也有要求不加的,但是这样的顾客很少。

就这样,一天下来,左边那个小店就要比右边那个卖出很多个鸡蛋。

**165.** 智者说:"如果那样,就把壶里的水倒掉一些!"

青年若有所思地点了点头。智者接着说:"你一开始踌躇满志,树立了太多的目标,就像这个大壶装的水太多一样,而你又没有足够多的柴火,所以不能把水烧开。要想把水烧开,你或者倒出一些水,或者先去准备足够的柴火!"

青年顿时大悟。回去后,他把计划中所列的目标划掉了许多,只留下最近的几个,同时利用业余时间学习各种专业知识。几年后,他的目标基本上都实现了。

**166.** 如图所示,撞到墙后再转弯。

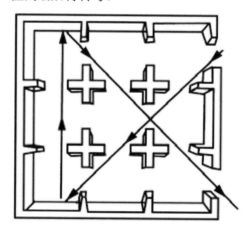

**167.** 修成如下图所示即可满足条件。

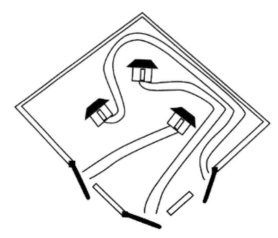

# 答案

**168.** 最少移动 3 根。

**169.** 如下图所示。

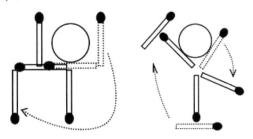

**170.** 假设一开始只有第一根头朝上，四次调动如下图所示。

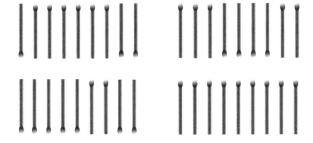

**171.** 只要按如下图所示来分就可以达到要求了。

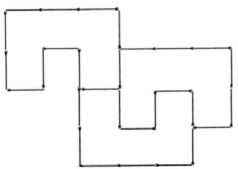

**172.** 小明可以按照如下图所示的方式搭桥，就可以过河了。

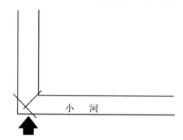

**173.** 最多有 4 名员工穿了工作服。

因为如果穿工作服的员工数量多于 4 名的话，就无法满足"任何 5 名员工中，都至少有一名员工是穿休闲装的"。

**174.** 他们是三胞胎中的两个。

**175.** 因为在第 8 页之前有 7 页，所以在第 21 页之后一定有 7 页。报纸总共有 28 页。

**176.** 无论向哪个方向转动，最后传递回来的都是相反的力量，所以答案是一圈也转不了。

**177.** 情况有很多种，大家可以根据切的不同情况自己数一下。本题的关键就是切立方体的角有很多种切法。

**178.** 大的 16 斤，小的 4 斤。

**179.** 他们不是平手，我们应该按击鼠标的间隔来算时间，拉尔夫用 10 秒击了 9 个间隔，威利用 20 秒击了 19 个间隔，保罗用 5 秒击了 4 个间隔。因此他们击鼠标每个间隔所用的时间为 10/9 秒、20/19 秒、5/4 秒，即 1.11 秒、1.053 秒、1.25 秒。

所以威利击鼠标的速度最快，威利会最先击完 40 下鼠标。

**180.**

(1) 2 个人面对面站着。

(2) 3 个人分别站在三角形的三个角处。

(3) 4 个人分别站在长方形的四个角处，按顺序分别是 A、B、C、D。

**181.** 如下图所示即可。

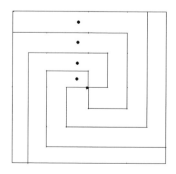

**182**. 因为五个人中每个人都只猜对了一瓶，并且每人猜对的颜色都不同，也就是每个人猜对的瓶子也是不同的。

而我们综合观察一下，就会发现：猜第一瓶的只有一个人，就是丙。所以丙猜对的一定是第一瓶，也就是说第一瓶是红色。

这样丙的第二个猜测就一定是错误的，即第五瓶就不是黄色的药丸。那么第五瓶应该是戊猜对了，即第五瓶是蓝色的药丸。

这样，戊说的第二瓶是黑色的也就不对了。既然第二瓶不是黑色的，那就应该如第一个人所说，第三瓶是黑色的。

那么，甲所说的第二瓶是蓝色的药丸就是错误的，即第二瓶不是蓝色的。前面说第二瓶不是黑色的药丸，现在第二瓶只能是绿色的药丸了。

剩下的一个就是第四瓶，黄色的药丸。

所以综上所述：第一瓶是红色的药丸；第二瓶是绿色的药丸；第三瓶是黑色的药丸；第四瓶是黄色的药丸；第五瓶是蓝色的药丸。

**183**. 王局长是女的。

**184**. 警察是个女的，她儿子的爸爸，就是她的丈夫，她爸爸的儿子就是她的兄弟。

**185**. 因为那条小路在两个悬崖中间的山谷里，没有任何危险，只要一步步走下去就可以了。

**186**. 李主任是女的，两个人分别是她的丈夫和爸爸。

**187**. 本题要求我们一定要突破思维定式，这对双胞胎并不一定是俩兄弟，也有可能是姐弟俩。所以前面那个人是后面那个的姐姐。

**188**. 书童说："我把帽子系头上了，这回再也不会及地(及第)了。"

**189**. 因为小明是去图书馆交延迟还书的罚款。

**190**. 因为在1917年的时候，还没有所谓的第一次、第二次世界大战的说法，所以这枚勋章上不可能写着"颁给在第一次世界大战中……"的字样。

**191**. 不能。皮皮忘了水涨船高的道理。因为潮水上涨了，船也随之升起，船与绳子连在了一起，绳子当然也随着上浮。水涨多少，它们上浮多少，依然是最下面的一个手帕接触到水面，所以他测不出来。这道题告诉我们，凡事要三思而后行，不然只会徒劳一番。

**192**. 两周。大家可以亲身实践一下，再想想是为什么。

**193**. 阿凡提撅起屁股，退着进的屋子。

**194**. 因为钥匙还在邮箱里面的信封中。

**195**. 因为在铺设铁轨的时候，每两根铁轨之间都要有一些间隙，以免因为热胀冷缩而使轨道挤压变形。而这条地铁线路中，所有的间隙加起来大约有800米，所以并没有任何危险。

**196.** 高度至少要是小明妈妈身高的一半，这样才能照到全身。

**197.** 第四种方法最快。因为旋转摇动的时候，会在中间形成一个螺旋，空气可以从螺旋进入，加快水流出的速度。

**198.** 12 点 12 分 12 秒，13 点 13 分 13 秒，……，23 点 23 分 23 秒。每个小时出现一次，一共有 12 次。

**199.** 把它们放在水中，然后一点点倒油并调整，直至两个油壶的吃水线相同为止。

**200.** 因为热胀冷缩原理，钟摆在冬天的时候会变短。而当钟摆变短的时候，钟走得就会比正常的快。

**201.** 当然可以。不管什么天气，去不出门的那个人的家中聚会就可以了。

**202.** 长工说："我小的时候，我爷爷跟我说，你欠我们家 1000 两银子，这件事你应该听说过吧。"

**203.** 张三接受王五的建议，马上给李四写信。在信中，张三说："我借给你的 20 万块钱马上就到期了，请准备好本金和 15% 的利息还给我。"李四接到信后，马上回信纠正道："首先，我向你借的是 10 万，不是 20 万，而且是前几天才借的，约定结款期限为 1 年，利息是 10%。你肯定是把别人的借据看成是我的了，请仔细查清楚！"张三收到了这样一封回信，当然就相当于他的借据了。

**204.** 他先找一些玻璃球，放入硫酸中，使液面升至 10 升处，然后把硫酸倒出到 5 升的位置即可。

**205.** 他带了一只白鸽来，见到国王以后，松开双手，白鸽就飞走了。

**206.** 他先是撒腿就跑，敌方的三人马上开始追赶。但是每个人跑的速度都不同，一段时间之后，三人就拉开了一段距离。这样将军就有机会各个击破，战胜他们。

**207.** 他们把衣服放在太阳下面晒，过段时间去摸一下，黑色的衣服要热一些，而白色的衣服不怎么热，这样就可以分开了。

**208.** 找那个牙齿不好的。因为镇上只有这两名牙医。对方的牙齿好，说明是牙齿不好的牙医的功劳。而他自己的牙齿不好，却没有找另外的牙医去看，或者看过依然牙齿不好，说明对方的技术不怎么样。

**209.** 国王让人家分别推荐一个人作为自己的助手来完成这个项目。这样，被推荐次数最多的人就是能力最强的。

**210.** 在南极点或者北极点。任何一条子午线都经过这里，而每一条子午线都有它特定的时间。所以在这里，无论是几点几分，都有一条子午线与它对应，可以说都是正确的。

**211.** 变小。因为一个物体的重力是由万有引力引起的，它与距离有关。离地球越近会越大，越远会越小。

**212.** 因为一个倾斜的物体只有在一些特定的角度看才能看出是倾斜的。如果我们在它的正对面或者背面的时候，它看上去就是笔直的。

**213.** 5=1。前面不是说明 1=5 了吗？

**214.** 在时间上，8 点再加上 10 个小时就是 6 点。

**215.** 他在看守刚看完时，开始过桥，快到 7 分钟的时候，他转过身，往回走。这时看守的村民看到他，以为他要过桥，就把他叫了回来。

**216.** 找个长度超过桥的铁链在炮车和大炮之间牵引，使它们不同时在桥上即可。

**217.** 圆形的操场。当小明落后运动员半圈之后，就变成在运动员前面了。

**218.** 那位主妇的小建议是：在味精瓶的内盖上多钻一个孔。由于一般顾客放味精时只是大致甩个二三下，四个孔时是这样甩，五个孔时也是这样甩，结果在不知不觉中多用了近 25%。

**219.** 老板说："盒子还在我这，要三人同时在场，我才可以交回盒子。你们去把那个人找回来吧。"

**220.** 法官判住宅的居住权归孩子所有，离异的父母定期轮流返回孩子身边居住，履行天职，直到孩子长大成人。

**221.** 禄东赞找人捉来了一只大蚂蚁，将丝线轻轻拴在蚂蚁身上放入孔内，而在另一个孔端抹上一些蜜糖。很快地，蚂蚁就由这一端爬到另一端，而且将丝线也带了出去。

**222.** 他要仆役将小马关上一天，并且不给水喝。第二天仆役打开了栅栏，渴极了的小马纷纷奔向自己的妈妈找奶吃。于是，禄东赞轻而易举地辨认出了小马的妈妈。

**223.** 镜子。因为"左右"是和人的朝向有关的，而"上下"和人的朝向无关。

**224.** 爱迪生拿着玻璃灯泡，倒满了水，然后交给阿普顿说："去，把灯泡里的水倒到量筒里量量，这就是我们需要的答案。"

**225.** 亚历山大抽出了身上的佩剑，一剑将"结"劈成了两半。这个神秘的结就这样被亚历山大打开了。最终，亚历山大成为亚细亚的统治者。

**226.** 据说这家报纸收到数以万计的读者答案，人们纷纷论证自己的选择，有的甚至写出几万字的论文，阐明为什么应该选达·芬奇的《蒙娜丽莎》而不是凡·高的《向日葵》，或者为什么应该是《向日葵》而不是《岩间圣母》。众人相持不下，谁也不服谁，直到法国著名作家贝尔纳说："抢救离出口最近的那幅画。"

道理很简单，在失火的情况下，到处是浓密的烟雾，你根本无法看清哪幅画挂在哪儿，如果你冒险进去找你心中认定的那幅，很可能的结果是在找到那幅画之前，那幅画甚至你自己已经葬身火海。而抢救离出口最近的那幅，虽然可能并不是最有价值的，却是最可行的。这个时候，可行比价值更重要。再说，罗浮宫内的收藏品每一件都是举世无双的瑰宝，所以与其浪费时间选择，不如抓紧时间抢救一件算一件。

**227**. 因为《圣经》的第 1 页和第 2 页在同一张纸上，同理，第 49 页、50 页也是同一张纸。不可能夹着钞票。

**228**. 大约过了一个月，我又去拜访那位教授。大的那个孩子见到我就问："大哥哥，有件事我老想不通，想问问你。"

我说："什么事啊？"

他说："上次你说的那句咒语，当初你是怎么学会的啊？"

**229**. 如果我没有被骗，那么我一整天都因为哥哥早上的话而在空等，也就是被哥哥骗了；如果我被骗了，那我明明就等到了我所等的事，又怎么能说我被骗了呢？这样，我那天到底是被骗了还是没有被骗呢？

你有更好的解释吗？我到底有没有被骗？

**230**. 虽然从逻辑上讲，我当时说的是真话，因为如果说我的回答是假话的话，就会引起矛盾。但在当时，我确实觉得自己的回答是在撒谎。

从我的那次面试经历可以引申出一个问题：一个人可能不知道自己在撒谎吗？我说，是不可能的。我认为，所谓"撒谎"并不是指一个人说的话不符合事实，而是指说话的人相信自己说的话是假的。即使你说的话符合事实，但只要你自己相信那是假的，我也会说你是在撒谎。

心理学里有这样一个例子可以很好地说明撒谎的含义：一个精神病院的医生们有心要放一个精神分裂症患者出院，决定替他做一次测谎器检查。医生问精神病人："你是超人吗？"病人回答："不是。"结果测谎仪嘟嘟嘟响了起来，表示病人在撒谎。

**231**. 女儿只需在纸条上写"我爸爸会在卡片上写下'不会'两字"即可获胜。

因为如果预言家在卡片上写的是"会"，他预言错了，在卡片上写"不会"两字这件事并没有发生。但如果他在卡片上写的是"不会"呢？也是预言错了！因为写"不会"就表示他预言卡片上的事不会发生，但它恰恰发生了：他写的就是"不会"两字。

**232**. 把两个球都加热到相同的温度，然后同时放入同等质量的水里，测水的温度升高情况。温度升得高的就是比热容大的，铅的比热容大于金，所以水温度高的就是铅球。

**233**. 将两根火柴棒底端的正方形对齐，然后将其中的一根转动 45°角即可。

**234**. 这个问题只需要想办法证明假酒是从那个商场买的就可以了。在他把假酒拿去商场的时候，不让商场里的人直接碰这两瓶酒就可以了。只要让有关部门在酒瓶上取出商场里售货员的指纹，然后鉴定这确实是假酒，商场就无法推脱自己的责任了。可见要让真相大白并不是什么难事，只需要懂逻辑就行了。

**235**. 这位朋友的思路是：他先请所有拍照的人全部闭上眼睛，听他的口令，同样是喊"1……2……3！"但是要大家在喊"3"的时候一起睁开眼睛。果然，全都神采奕奕，比本人平时眼睛更大、更精神。

有很多难题，其实只要我们换一个思路，都可以迎刃而解。

**236**. 要过河的那人笑着答道："这位船老大不会游泳，他就会万分小心地划船，所以坐他的船才是最安全的。"

**237**. 13米，3米。

蚂蚁要爬墙壁；而蜘蛛可以结网，垂直下来就行，不用沿着墙壁爬。

**238**. 他说："你小时候一定很聪明吧！"

**239**. 小董说："那要看桶的大小了，如果桶是和青海湖一样大的，那么就有一桶水；如果桶只有湖一半大，那么就有两桶水；如果桶只有青海湖的三分之一大，那就有三桶水……"

**240**. "是呀。"林肯答道，"那么平时你是擦谁的皮鞋的呢？"

记者本来是赞扬"林肯作为总统能做到自己擦皮鞋"，可是林肯巧妙地利用记者话语中逻辑过程的省略，把记者赞扬的内容偷换成"林肯自己擦皮鞋"，从而达到幽默的效果。

**241**. 阿里斯庇普回答道："这并不奇怪，我害怕，是因为想到希腊即将失去一位像我这样的哲学家。但是，你有什么可担忧的呢？你如果淹死了，希腊最多也不过是损失了一个白痴！"

故事中，阿里斯庇普没有否认自己的害怕，他的聪明之处是在暴发户结论的基础上另辟路径，为暴发户的结论做出了一个更加幽默的解释，从而将暴发户的结论推上不打自败的境地。这种方法从表面来看是荒谬的，但实际上通过智慧的转化，往往能够谬中求胜。从这一点来看，它一点也不荒谬，而且处处闪耀着智慧的灵光。

**242**. 苏格拉底回答："善于驯马的人宁肯挑选悍马、烈马作为自己的训练对象。若能控制悍马、烈马，其他的马也就不在话下了。你们想，如果我能忍受她，还有什么人不能忍受的呢？"

面对嘲笑者的刁钻，苏格拉底机敏地应用类比手法，十分精彩地为自己做了辩白，展示了自己的语言表达技巧与智慧。

**243**. 可能。爸爸的脖子。

**244**. 他说："你帽子下面的那个东西是什么玩意儿？是脑袋吗？"

**245**. 他说："老弟，你以为这种治疗能让我再生头发吗？"会场立时爆发出经久不息的朗朗笑声。

**246**. 他写道："今天船长没喝醉。"

**247**. 他回答说："这样难道不好吗？如果皮箱是大名鼎鼎的，而我却是随随便便的，那样岂不更糟？"

**248**. 他说："对不起，亲爱的小姐，我不知道你正怀着孩子。"说完，他很有礼貌地鞠了一躬离开了。而那位漂亮的小姐却无言以对，脸上绯红。

**249**. 她说："没关系，我只弹黑键！"

**250**. 阿凡提回答说:"很快的,这一天不是星期一,不是星期二,不是星期三,不是星期四,不是星期五,不是星期六,也不是星期日。你就那天来取吧!"

**251**. 这个谜题的关键是把法律的判决和师徒之间的承诺视为具有同等效力,所以变成了一个让人左右为难的问题,很多人都会没把握该怎么回答。

比较好的回答是:"法院可以判弟子胜诉,也就是他不需要马上付学费,因为他还没有打赢头场官司嘛。等这场官司一了结,弟子就欠普罗塔哥拉的债了,所以普罗塔哥拉马上再告弟子一状。这次法院就该判普罗塔哥拉胜诉了,因为弟子如今已经打赢过官司了。"

**252**. 这是一个悖论,我们无法从这句话中推论出苏格拉底是否对这件事本身也不知道。

古代中国也有一个类似的例子"言尽悖"。

这是《庄子·齐物论》里庄子说的。后期墨家反驳道:如果"言尽悖",庄子的这个言难道就不悖吗?我们常说"世界上没有绝对的真理"。我们不知道这句话本身算不算是"绝对的真理"。

**253**. 这是一个流传很广的悖论。如果说能,上帝遇到一块"他举不起来的大石头",说明他不是万能的;如果说不能,同样说明他不是万能的。这是用结论来责难前提。

这个"全能者悖论"的另一种表达方法是:"全能的创造者可以创造出比他更了不起的事物吗?"

**254**. 从真实的前提出发用可以接受的推理,但结论则是明显错误的。它说明定义"堆"缺少明确的边界。它不同于三段论式的多前提推理,而是在一个前提的连续积累中形成悖论。从没有堆到有堆中间没有一个明确的界限,解决它的办法就是引进一个模糊的"类"。

最初它是一个游戏:你可以把 1 粒谷子说成是一堆吗?不能;你可以把 2 粒谷子说成是一堆吗?不能;你可以把 3 粒谷子说成是一堆吗?不能。但是你迟早会承认一个谷堆的存在,你从哪里区分它们?

它的逻辑结构:

1 粒谷子不是一堆,

如果 1 粒谷子不是一堆,那么 2 粒谷子也不是一堆;

如果 2 粒谷子不是一堆,那么 3 粒谷子也不是一堆;

……

如果 99999 粒谷子不是一堆,那么 100000 粒谷子也不是一堆;

因此,100000 粒谷子不是一堆。

按照这个结构,无堆与有堆、贫与富、小与大、少与多都曾是古希腊人争论的话题。

**255**. 他立即发明了下面这个证明:

(1) 假设 2+2=5。
(2) 由等式两侧减去 2，得出 2=3。
(3) 易位后得出 3=2。
(4) 由两侧减去 1，得出 2=1。

于是：教皇与我是二人。既然 2 等于 1，教皇与我是一人，因此，我是教皇。

**256.** 这三句话本来都没什么问题，可是如果把它们组合起来，我们就得到一个很奇怪的结论：花朵是完美的，"我"比花朵更高级，可"我"又什么也不是！

我们的潜意识里几乎都会存在类似这样的一个奇怪的悖论。演绎推理的前提必须是在相同的背景下假设出来的，不同前提是不能放在一起的。

因此，演绎推理一定要弄清楚前提，否则就可能推理出错误的结论，甚至闹出笑话。

**257.** 把芝诺的话精简一下就是：从弓射出去的箭在任何一个时刻都有一个确定的位置，所以在这个位置上它是静止的，而这支箭在所有的时刻里都是静止的，所以箭是不动的。这个结论初看起来似乎很有道理，但显然严重违背我们观察到的现实。那么芝诺的这一套逻辑究竟错在哪里呢？

错就错在他错误地使用了排中律。他认为箭在每一个时刻都不是"运动"的，根据排中律，箭在每个时刻就都是"静止"的。但实际上，"运动"和"静止"本来就是和时间有关的概念，脱离了时间流动单看某个时刻，这两个概念就没有意义了，或者至少和原本的意义不一样了。因此，箭在任何时刻都"静止"并不妨碍它在一段连续的时间里是运动的。

**258.** 实际上问题出在对"是"这个概念的定义上。在生活中，"A 是 B"有两种解释：

(1) A 等同于 B；
(2) A 属于 B。

当我们说"白马是马""橘子是水果"的时候，实际用的是第二种解释，即"白马属于马""橘子属于水果"。而公孙龙则巧妙地把这里的"是"偷换成第一种解释，再论证"白马"和"马"并不等同。所以这是利用日常语言的局限而进行的诡辩。

**259.** 不是的，哥哥没有特异功能。

哥哥每次见到弟弟在睡觉的时候都会说："你在装睡！"弟弟真的装睡的话，就会听见；而当弟弟真的睡觉的时候，他不会知道哥哥在说话。所以他说的每一次都是对的，并不是哥哥有特异功能。

**260.** 因为八双袜子的布质、大小完全相同，他们把商标纸撕开，每人取每双中的一只，然后重新组合成两双白袜和两双黑袜就可以了。

**261.** 每个人拿一把自己资料箱的钥匙，然后把 3 个人和 3 个资料箱编号，将另外一把 1 号资料箱的钥匙放在 2 号资料箱里，把 2 号资料箱的钥匙放在 3 号资料箱里，把 3 号资料箱的钥匙放在 1 号资料箱里。这样，任何一个人回来，只要打开自己的资料箱就能拿到下一个资料箱的钥匙，用下一个资料箱内的钥匙还可以打开下一个资料箱。这样任何一个人回来都能打开所有的资料箱了。

**262.** 乙对甲说："你不想把锄头借给我，对不对？"

这样，要是甲说对，那么就猜中了甲在想什么，所以甲要把锄头借给乙；要是乙说的不对，也就是甲想把锄头借给乙，那么乙自然就能借到这把锄头了。

无论甲怎么回答，都要借锄头给乙。

**263.** 在用水桶舀水之前，先把水桶口朝上按到左边的水缸里。由于水缸是满的，所以水会溢出来。又因为水桶本身是有一定厚度的，所以，水桶可以挤出超过一水桶的水，再舀出一水桶的水，倒入右边的水缸里，就达到目的了。

**264.** 可能，因为这个箱子足够大，老师可以进到箱子的里面，所以她可以同时看到箱子相对的两面。就像我们在一间屋子里可以看到相对的两面墙一样。

**265.** 把 3 个苹果各切成 4 份，把这 12 块分给每人 1 块。另 4 个苹果每个切成 3 等份，也分给每人 1 块。于是，每个孩子都得到了一个四分之一块和一个三分之一块，这样，12 个孩子都平均分配到了苹果。

**266.** 最安全的步骤如下。

第一个医生戴上两双手套，上面套的第二双手套的外面接触到病人。第二个医生戴上刚才第一个医生套在外面的手套，这样仍是这双手套的外面接触到病人，而且他没有和第一个医生有接触。第三个医生把第一双手套翻过来戴在手上，他不会接触到第一个医生接触到的那一面；然后他再套上第二双手套，接触到病人的仍是第二双手套的外面。这样，三个医生之间以及医生与病人之间都没有接触，所以是最安全的。

**267.** ②的面积比较大。

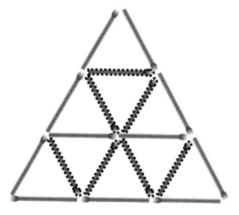

先多用几根火柴棒把图形细分成小三角形。

可以看到，图形①中有 4 个小三角形，而在图形②中却有 5 个小三角形。

**268**. 因为三人中有一位父亲、一位女儿和一位同胞手足。如果 A 的父亲是 C，那么 C 的同胞手足必定是 B。于是，B 的女儿必定是 A。从而 A 是 B 和 C 二人的女儿，而 B 和 C 是同胞手足，这是乱伦关系，是不允许的。因此，A 的父亲是 B。于是，C 的同胞手足是 A。从而，B 的女儿是 C，A 是 B 的儿子。

因此，C 是唯一的女性。

**269**. 以老三为例，他旁边不能坐老二、老四和老五，所以只好坐老大和老六了。也就是说，已经有三个人的位置固定了。还剩下老二、老四和老五，老四和老五是不能相邻的，所以一定要由老二隔开。挨着老六那边坐老四，挨着老大那边坐老五。这样就可以了。

**270**. A 说 B 叫真真，这样，无论 A 说的是真话还是假话，都说明 A 不会是真真。

因为他要是说的是真话，那么 B 是真真；如果他说的是假话，那么说假话的不会是真真。

而 B 说自己不是真真，如果是真话，那么 B 不是真真；如果是假话，那么说假话的 B 当然也不是真真。

由此可见叫真真的只能是 C 了。

而 C 说 B 是真假，那么 B 一定就是真假了，所以 A 就只能是假假了。

**271**. 可用假设法。

如果第一个碗是"活"，那么 2、3 两句都是对的，故不对。

如果第二个碗是"活"，那么 1、3 两句都是对的，故不对。

如果第三个碗是"活"，则只有第 1 句是对的，符合题意。所以要选择第三个碗。

**272**. 首先，测出瓶底的直径，这样就能够算出瓶底的面积。然后测液体的高度。再颠倒瓶子，测其中空气的高度。把两个高度加起来后乘上瓶底面积，就是瓶子的容积了。

**273**. 这个游戏的独特之处在于，你必须考虑其他参与者是怎么想的。

首先，你可能假定人们都是随机地选择一个数字寄回，这样的话平均值应该是 50，那么最佳答案应该是 50 的 2/3，也就是 33。

但你应该想到，别人也会像你一样，想到 33 这个答案。如果每个人都选择了 33，那么实际的平均值应该是 33 而不是 50，这样最佳答案应该修改成 33 的 2/3，也就是 22。

那么别人会不会也想到这一层？如果大家都写 22 呢？那么最佳答案就应该是 15。可是如果大家都想到了 15 这一层呢？

……

这样一步步地分析下去，如果所有人都是绝对的聪明而理性，那么所有人都会做类似的分析，最后最佳答案必然越来越小，以至于变成 0。鉴于 0 的 2/3 还是 0，所以 0 必然是最终的正确答案。

但问题是，如果有些人没有这么聪明呢？如果有些人就是随便写了个数呢？

刊登广告的其实是芝加哥大学的理查德·泰勒。他收到的答案中的确有些人选择了 0，但平均值是 18.9，获胜者选择的数字是 13。这个实验就是要说明，并不是所有人都是聪明的、理性的。

**274.** 如下图所示。

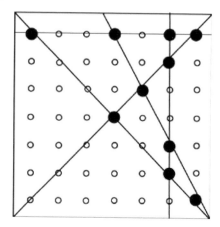

**275.** 小孩提问："有 3 个眼睛，6 个鼻子，还有 9 条腿的，这是什么东西？"

大人想了半天，无奈地掏出 100 元钱给了小孩。小孩飞快地把钱收进了自己的腰包。大人想了想，不太服气，又问小孩："那你来说，你刚刚问题中的那个东西是什么？"小孩狡黠地一笑："其实我也不知道。"说完，掏出 1 元钱给了大人，然后，迅速地走了……

**276.** 此时已换好鞋的 A 淡淡地说："的确是跑不过老虎的，不过，我只要跑得比你快就好了。"

**277.** 这是个偷换概念的问题，每人每天 9 元，一共 27 元，老板得到 25 元，伙计得到 2 元，27=25+2。不能把客人花的钱和伙计得到的钱加起来。

**278.** 如下图这样剪即可。

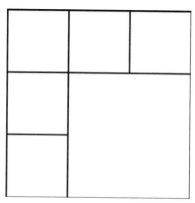

**279.** 将立方体两个相邻的侧面展开(见下图)，A和B的连线即是最短路线。

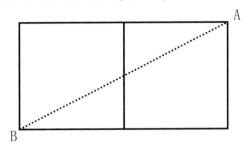

**280.** 如下图所示分割即可。

**281.** 第一个小孩是明明，喜欢吃橘子；第二个小孩是小新，喜欢吃核桃；第三个小孩是小玲，喜欢吃瓜子；第四个小孩是小丽，喜欢吃话梅。

**282.** 一共有 5 个关卡收过商人的税。最后剩下一斤，则遇到最后一个关卡时还有(1+1)×3=6(斤)苹果；遇到第 4 个关卡时还有(6+1)×3=21(斤)苹果，依此类推可以知道，最开始有 606 斤苹果。

**283.** 应该从头目后面第 4 个人开始数起。

思考方法：先从任意一个人开始点名，直到剩下最后一个人，记下这个人的位置。然后数一下最后剩下的人与匪徒头目的距离，把第一个点名的人向相同方向移动这个距离开始数即可。这样最后剩下的就是这名头目了。

**284.** 把铁球取出来放到水里。因为铁的比重远大于水，当铁球放在小塑料盆里时，所排出的水的重量等于铁球的重量，体积大约为铁球体积的 7.8 倍。而铁球在水里所能排走的水量仅等于铁球的体积，所以水位会下降。木头、水的比重都不比水的比重大，所以把它们放到水缸里水位不会变。

**285.** 也许你会说要移动三根。其实只需要移动一根就够了。就是把"旨"字上面的那个竖着的火柴移动到中间，然后倒过来看就是"旱"字了。

**286.** 阿凡提说："这几天滴雨未下，种下的金子全都旱死了。"

**287.** 事物不仅有相对的一面，还有绝对的一面。与真药比较可以鉴别假药，同时，没有疗效或者疗效不佳的药也是假药。

**288**. "你们每个人都买了两三个座位。"

**289**. "你更贪吃,连西瓜皮都吃掉了!"

**290**. 莫洛托夫说:"不错,我出身贵族,你出身工人。这么说,咱俩都当叛徒了!"

**291**. 他说:"我刚才去投河时,遇到了屈原。他说当年他投河是遇到了昏君,不得不死,而你遇到的皇帝如此圣明,你怎么能死呢?"

**292**. 周总理说:"你们美国人走路抬头挺胸,是因为你们走的是下坡路;而我们中国人走路弯腰,是因为我们走的是上坡路。"

**293**. 毛姆在征婚启事中写道:"本人是一位年轻有教养的百万富翁,希望能找到一位和毛姆小说中的女主角一样的女性为妻。"

**294**. 罗斯福笑着说:"那么,我也能。"

**295**. 纪晓岚说:"弥勒佛是在笑我不能成佛。"

**296**. 他说:"也有米饭。"

**297**. 他说:"我知道这句话,但是我不确定这狗它知道这句话吗?"

**298**. 威尔森说:"这位先生,你先别着急,我马上就要谈到你提出的脏乱问题了。"

**299**. 巴尔扎克笑着说:"我笑的是,我在白天都找不到一枚硬币的抽屉,你居然想在黑夜里从里面翻出钱来。"

**300**. 阿凡提说:"你们截住不让他到澡堂去,谁知他后来怎样了?"

**301**. 他说:"谢谢大家!刚才我是为大家的热情所倾倒的。"

**302**. 第一个问题,进出都是两人,一个男人,一个女人。

第二个问题,生一人,死十二人。他是按属相算的,比如今年是鼠年,今年出生的都属鼠;而一年不论死多少人,都逃不出十二生肖。

**303**. 因为他无法入睡的原因是隔壁的一个人鼾声如雷,他打电话把对方吵醒,对方停止了打呼噜,他就可以睡觉了。

**304**. 在巨石下边挖一个大坑,让石头落入坑中。这比凿石头要轻松很多。

**305**. 马克·吐温说:"很简单,只要像我一样说假话就行了。"

**306**. 歌德笑着说"我正好和你相反",说罢往路边一站。

**307**. 无论怎样,这位理发师都会违反镇长的规定,所以他应该把这个问题告诉镇长,让镇长更改一下规定。

为什么这个悖论会引起"第三次数学危机"呢?因为"罗素悖论"完全是用当时严密的数学语言写成的,最后却得出了悖论。就像"理发师悖论"说明镇长的规定有问题一样,"罗素悖论"也说明了当时的数学体系有问题。而人们对数学体系的理解,对逻辑体系的理解,也随着"罗素悖论"的解决而更加深入了。

**308**. 两面相同的概率是 1/3。三个硬币中取两枚放桌上,一共有 12 种可能情况，朝上的面相同的情况有4种。这个摆摊的人有1/3概率输3元，但有2/3概率赢2元，所以从长远来看，每三把他可以赢1元钱。如果这个赌博可以无限次进行下去的话，理论上，他能发家致富。

**309.** 是"法律"的"法"。别被带到沟里去了。

**310.** 马克·吐温写道："对于上次在酒会中我所说的'国会中有些议员是婊子养的！'表示道歉，我说错了，应该是'国会中有些议员不是婊子养的！'"

**311.** 和尚说："既然布告已出，我当然会遵守，我借给你的宝刀就归你所有了。不过我在你这里借住的房间，也同时归我所有了。"

**312.** 因为就算有人会搬这些金片，它的步骤也非常巨大，是$2^{64}-1$次。

这个数究竟是几呢？我们来算一下，答案：18446744073709551615。搬这么多次金片一共需要多长时间呢？

假设搬一个金片要用1秒钟，18446744073709551615÷3600=5124095576030431小时，再除以24等于213503982334601天，除以365等于584942417355年，约等于5849亿年。所以根本不需要高僧守护，没有人可以完成这个艰巨的任务。

**313.** 先把张奶奶的布袋翻过来，把王阿姨的大米倒入张奶奶的布袋里，扎上绳子。然后把张奶奶的布袋的上半截翻过来，倒入小麦。再解开张奶奶布袋的绳子，把下面装的大米倒入王阿姨的布袋里，就可以了。

**314.** 第一题：你并不是第一名，而是第二名。你只是取代第二名的位置。

第二题：如果你回答倒数第二名，那你就错了。你超过最后一名，那你是哪来的？所以本题无法确定。

**315.** 因为乙跟店员说："便宜一毛吧。"然后，他用这一毛钱买一盒火柴。

这是最简单的心理边际效应。第一种：店主认为自己在一个商品上赚钱了，另外一个没赚钱。赚钱感觉指数为1。第二种：店主认为两个商品都赚钱了，赚钱指数为2。店主当然心理倾向第二种了。同样，这种心理还表现在买一送一的花招上，顾客认为有一样东西不用付钱，就赚了。其实，这都是心理边际效应在作怪。

**316.** 小男孩回答很妙："因为我的手比较小呀！而老板的手比较大，所以他拿的一定比我拿的多很多！"

这是一个聪明的孩子，他知道自己的能力有限，而更重要的是，他也知道别人比自己强。凡事不只靠自己的力量，学会适时地依靠他人是一种谦卑，更是一种聪明。

**317.** 那张纸条上写着：将现在牙膏开口扩大1毫米。消费者每天早晨挤出同样长度的牙膏，开口扩大了1毫米，每个消费者就多用1毫米宽的牙膏。

公司立即更改包装。第14年，公司的营业额增加了32%。

面对生活中的变化，我们常常习惯过去的思维方法。其实，只要把心径扩大1毫米，就会看到生活中的变化都有它积极的一面。

**318.** 拿 A 棒靠近 B 棒的中部，如果有吸力，那么 A 棒就是磁铁。

**319.** 为了保持冠军地位，瑞普应该击倒第 6 号木柱。

这样一来，木柱就将被分成 1 根、3 根、7 根三组。接下去，无论瑞普的对手采取什么策略，只要瑞普采取正确的策略，对手一定会输。矮山神要想取胜，他开始时应该击倒第 7 号木柱，以便将木柱分成各有 6 根木柱的两组。此后，无论瑞普投掷哪一个组里的木柱，山神只要在另一组里重演瑞普的动作，直到最终取得胜利为止。

**320.** 让队员投入自己篮筐里一个 2 分球，使比分相同，通过加时赛，还有取胜的可能。当时的事情是这样的：这位聪明的教练要了一次暂停，暂停结束后，他们开球，一名队员接球后故意将球投入了自己的篮筐。比分平了，结束时间也到了。

双方战平，打加时赛。在加时赛中，保加利亚队一鼓作气打得相当出色，最后以领先 8 分结束了比赛。

**321.**

(1) 每次带一瓶，分两次带过去。

(2) 直接开过去即可。因为卡车要远长于 2 米，不会完全压在桥上，桥足够撑得住。

**322.** 猫的路线是：1、7、9、2、8、10、3、5、11、4、6、12。

**323.**

(1) 东。

(2) 1961。

(3) -11。

(4) 加醋和水让鸡蛋浮起来。

(5) 没有比平常坐火车省时间，因为在后来一半路程的时候，因为速度比火车慢一半，所以后面路程所用的时间就是以前总路程的时间。这次出差比以前多出来的时间就是坐飞机的那段时间。

(6) 22 次。

(7) 环形。

(8) 不相信，因为在太空中没有重力，自来水笔没办法写出东西。

(9) 6 次。相当于一个船夫和 11 个顾客。

**324.** 11 倒 7 剩 4，7 倒空，4 倒 7，11 倒满，11 倒 7 满剩 8，7 倒空，8 倒 7 剩 1，7 倒空，1 倒 7，11 倒满，11 倒 7 满剩 5，7 倒空，5 倒 7，11 倒满，11 倒 7 剩 9，7 倒空，9 倒 7 剩 2。

**325.** 就是分析用 3、5 两个数，如何得到 4。

5-3=2；3-2=1；5-1=4。

也就是说，用 5 升桶装满油倒入 3 升桶，剩下 2 升，然后把 3 升的桶倒空，把

2升油倒进去，然后再倒满5升的桶，用它把3升的桶倒满，这样5升桶里剩下的就是4升了。

**326.** 平分的方法如下表所示。

| 次　　数 | 8 斤瓶 | 5 斤瓶 | 3 斤瓶 |
|---|---|---|---|
| 第一次 | 3 | 5 | 0 |
| 第二次 | 3 | 2 | 3 |
| 第三次 | 6 | 2 | 0 |
| 第四次 | 6 | 0 | 2 |
| 第五次 | 1 | 5 | 2 |
| 第六次 | 1 | 4 | 3 |
| 第七次 | 4 | 4 | 0 |

**327.** 假设两个装满酒的桶分别为 A 桶和 B 桶，倒酒的步骤如下：从 A 桶中倒出酒并把 5 斤的瓶子倒满，然后用 5 斤的瓶子把 4 斤的瓶子倒满，这时，5 斤瓶子里只有 1 斤酒；将 4 斤瓶子里的酒倒回 A 桶，把 5 斤瓶子里的 1 斤酒倒入 4 斤的瓶子；从 A 桶中倒出酒并把 5 斤的瓶子倒满，然后用 5 斤的瓶子把 4 斤的瓶子倒满，这时 5 斤的瓶子里剩余的酒就是 2 斤；将 4 斤瓶中的酒倒回 A 桶，然后用 B 桶把 4 斤瓶倒满，再用 4 斤瓶中的酒把 A 桶加满，这时 4 斤瓶中剩余的酒也是 2 斤。

**328.** 用 4 升瓶里的果汁把 2.5 升瓶倒满；用 2.5 升瓶里的果汁把 1.5 升瓶倒满；把 1.5 升瓶里的果汁倒回 4 升瓶中；并把 2.5 升瓶中的 1 升倒回 1.5 升瓶中；用 4 升瓶中的 3 升把 2.5 升瓶倒满；然后用 2.5 升瓶中的果汁把 1.5 升瓶倒满；把 1.5 升瓶中的果汁倒回 4 升瓶中。这时，4 升瓶和 2.5 升瓶中的果汁都是 2 升，正好平均分配。

**329.** 先从大桶中倒出 5 升酒到 5 升的桶里，然后将其倒入 9 升桶里，再从大桶里倒出 5 升到 5 升的桶里，再用 5 升桶里的酒将 9 升的桶灌满。现在，大桶里剩有 2 升酒，9 升的桶已装满，5 升的桶里有 1 升酒。再将 9 升桶里的酒全部倒回大桶里，大桶里有 11 升酒。把 5 升桶里的 1 升酒倒进 9 升的桶里，再从大桶里倒出 5 升酒，现在大桶里有 6 升酒，而另外 6 升酒也被分成了 1 升和 5 升两份。

**330.** 先用 6 升的水壶取 6 升水，然后从 6 升壶往 5 升壶倒满水，那么 6 升壶还剩下 1 升水。把 5 升壶的水倒光，再把 6 升壶里的 1 升水倒入 5 升壶里。

再把 6 升壶取满水，往 5 升壶里倒水，倒满时，6 升壶里还剩下 2 升水。把 5 升壶的水倒光，再把 6 升壶里的 2 升水倒入 5 升壶里。用 6 升壶取满水，往 5 升壶里倒水，倒满时，共往 5 升壶里倒了 3 升水，6 升壶里还剩下 3 升水。就得到了 3 升的水。

**331.** 先把 13 斤的桶装满，然后用 13 斤的桶倒满 5 斤的瓶，这时 13 斤的桶里就剩下 8 斤了，也就是 1/3 了，将这些倒入 11 斤的桶中，分给其中一位。再用倒满 13 斤的桶，重新来一次，就可完成平分任务。

**332.** 最幸运的同学是 8 号。

**333.** 第一次，在天平的左边放两个砝码 2+7=9(克)，右边放 9 克面粉。

第二次，在天平的左边放 7 克的砝码和刚量出的 9(克)面粉，7+9=16 克，右边放 16 克面粉。

第三次，在天平的左边放前两次分出的 9+16=25(克)面粉，右边放 25 克面粉。两个 25 克的面粉混合在一起，即得 50 克，剩下的为 90 克，分配完毕。

测出的面粉还可以当作砝码来测量物品，所以只要用 2、7 及它们的和 9 凑出 25 即可，很简单，7+9+9=25。

**334.**

(1) 字典里。

(2) 脚。

(3) 水。

(4) 水。

(5) 纪录。

(6) 午餐或晚餐。

(7) 数字 6。

**335.** 说真话的(老二和老四)不可能说"我是长兄"，所以，丁的话是假的，由此可知，丁不是老大，而是老三。那么，乙就不是老三了，丙的话就是真的，丙就是老二或者老四。

假设甲说的是真话，丙和甲就是老二和老四(顺序暂时未知)，乙就是老大了，则甲又在撒谎，这是相互矛盾的。所以，甲是老大。

从甲的话(假话)可知，乙是老二，丙是老四。

所以甲是老大，乙是老二，丁是老三，丙是老四。

**336.** 儿子 5 岁，女儿 1 岁，这位女士 25 岁，她老公 50 岁。

**337.** 最简单的方法是：第一次，把 30 克和 35 克的砝码放在天平的一端，称出 65 克药粉；第二次，再用 35 克的砝码称出 35 克的药粉。65 克药粉加 35 克药粉即为 100 克，剩下的药粉即为 200 克。

**338.** 他手中火柴棒的数量是 3 根，丙的猜测是正确的。

**339.** 你可以问他们："yes"是表示"是的"的意思吗？

**340.** Z 应该是黑色的。所有的黑色的字母都能一笔写完，白色的字母则不行。

**341.** 小王把信封上的字看倒了，把 86 看成了 98。

**342.** 在这一问题中，"错误"这个词出现过 3 次，加上标题中的，一共有 4 个"错误"。还有一个错误在哪里呢？原来，有 4 个"错误"，却说有 5 个，这就是另外一个错误。你找到了吗？

**343**. 完全有可能。最轻的时候是他出生的时候。

**344**. 因为乙的错误可能达到 80%，如果按照乙的意见的相反方向去办，正确率比甲的要高。

**345**. 普通人翻东西的时候都是把抽屉从上到下依次拉开的，这样翻完上面的抽屉必须关上，才能去翻下面的抽屉。而小张是从下往上依次拉开所有的抽屉来查找，这样下面拉出的抽屉不会妨碍查看上面的抽屉，他节省了很多时间，就赢得了比赛。

**346**. 这个聪明人手里有 100 元 A 国钞票，他就可以到 A 国兑换 B 国的钞票，这样他可以得到 B 国的钞票 100/0.9=111.11(元)。他拿着这些钱到 B 国去，去兑换 A 国的钞票，就可以得到 A 国的钞票共 111.11/0.9=123.46(元)。这样，他就净赚了 123.46-100=23.46(元)A 国钞票。重复这个过程，他就可以发一笔横财了。

**347**. 本题需要注意的是题目中所给的数字都是无用的，因为第一句话就说"你是司令"，所以司令的年龄就是读者你的年龄。

**348**. 还有许多其他方法。例如，你拿上气压表走到楼房底层，敲管理人员的门。当管理人员应声时，你对他说下面一句话："亲爱的管理员先生，我有一个很漂亮的气压表。如果你告诉我这栋楼的高度，我将把这个气压表送给您……"

没有边界限定的时候，有无数的答案……

**349**. "恳"字加一点就是良心，影射他没有良心。

**350**. 小男孩问："那电灯是谁发明的？"

爸爸："是爱迪生。"

小男孩又问："那爱迪生的爸爸怎么没有发明电灯？"

**351**. 他对经理说："我到了最大的寺庙里，直接跟方丈讲，你想不想增加收入？方丈说想。我就告诉他，在寺庙最繁华的地方贴上标语，捐钱有礼物拿。什么礼物呢，一把功德梳。这个梳子有个特点，一定要在人多的地方梳头，这样就能梳去晦气梳来运气。于是很多人捐钱后就去梳头，这又会使更多人去捐钱。我一下子就卖出了 3000 把。"

明白对方的需要，抓住对方的心理，解决实际问题，才能势如破竹。

**352**. 他说："爸爸，华盛顿在你这么大时，早已是美国总统了。"

**353**. 因为这是一道玻璃门。

**354**. 儿子回答说："因为她没有骂人。"

**355**. "这又何必呢？"爱因斯坦说，"反正这儿每个人都已经认识我了。"

外表并不重要，内在美才是真的美。

**356**. 一休禅师非常认真地解释道："我这是在晒藏经呢。你们晒的经是死的，会生虫。我晒的藏经是活的，会说法，会干活，会吃饭。有智者应该知道哪一种藏经才珍贵！"

**357.** 老猴子说:"傻孩子,如果我不高高跳起来接住爆米花逗逗他,他还会再丢爆米花吗?"

**358.** 这个男孩子需要把两个问题结合起来一起发问,使那个女孩子无论怎么回答都必须使"你是否愿意和我一起吃饭"这个问题选择"是"。

类似的提问方式有很多,例如:

第一个问题是:

如果下一个问题是你是否愿意和我一起吃饭,你的答案是否和这个问题一样?

第二个问题是:

你是否愿意和我一起吃饭?

这样的话:

如果女孩子的第一个问题的答案是"是",那第二个问题就必须答"是",就能约到她吃饭。

如果女孩子的第一个问题的答案是"不是",那她第二个问题也必须答"是"。

因此,无论如何总能约到她吃饭。

**359.** 大致的笔迹如下。

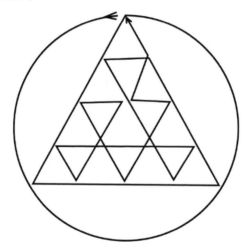

**360.** 父亲则轻描淡写地回答:"说这种话的人,口袋里一定没有钱!"

**361.** 他诗意盎然地对游客说:"我们现在走的正是赫赫有名的伊豆迷人酒窝大道。"

虽是同样的情况,因为有了不同的意念,就会产生不同的态度。思想是何等奇妙的东西,如何去想,决定权在你自己。

**362.** 结果这家公司录取了第三位。面对危险的诱惑,应离得越远越好。

**363.** 张作霖说:"对付日本人,手不黑能行吗?我是故意少写个'土'的,坚决不能把'土'给日本人。这叫寸土不让!"

**364.** 当爸爸嗤笑他时,他就对爸爸说:"你有什么了不起的,我的儿子比你的儿子强得多。"

当儿子嗤笑他时,他就对儿子说:"你有什么了不起的,我的爸爸比你的爸爸强得多。"

同一个人相对于和他爸爸的关系来说"是儿子",相对于和他儿子的关系来说又"是爸爸"。上面那个自我解嘲的人就是这样。当他对爸爸说"你的儿子"和对儿子说"你的爸爸"时,实际上指的都是他自己。

用封建社会的等级观念来看,他既不如爸爸又不如儿子,但他不这样说,而是换成另外一种说法。经他这么一说,他的短处变成了长处,缺点变成了优点,似乎他的情况反倒比爸爸和儿子都优越。

**365.** 县官拍案大怒道:"大胆刁民,本官要你两只金锭,你说只收半价,我已把一只还给了你,就折合那一半的价钱,本官何曾亏了你!"

**366.** 竖起一根指头,可以做出多种解释:如果三人都考中,那就是"一律考中";要是都没有考中,那就是"一律落榜";要是考中一人,那就是"一个考中";要是考中两人,那就是"一人落榜"。不管事实上是哪种情况,都能证明他算的是对的。

**367.** 阿凡提拿出钱袋,在巴依面前晃了晃,说:"巴依,你听见口袋里响亮的声音吗?"

"什么?哦,听到了!听到了!"巴依说。

"好,他闻了你饭菜的香气,你听到了我的钱的声音,咱们的账算清了。"

阿凡提说完,拉着穷人的手,大摇大摆地走了。

**368.** 乙说:恰恰相反,这个例子只能证明爸爸比儿子聪明,因为创立相对论的是爱因斯坦,而不是爱因斯坦的儿子。

**369.** 小李说:不对。如果"半空的酒瓶等于半满的酒瓶"这个等式能够成立,那么我们把等式两边都乘以 2:半空的瓶乘以 2,等于两个半空的瓶,而两个半空的瓶就是一个空瓶;半满的瓶乘以 2,等于两个半满的瓶,而两个半满的瓶就是一个装满酒的瓶。这样,岂不是一个空酒瓶等于一个装满酒的酒瓶吗?

**370.** 长工说:"没有什么,我游过来就等于你游过来了。"

**371.** 有 4 个。

**372.** 最早那 10 棵树的年龄是 24 岁,最后一批树的年龄是 3 岁,所以小宁现在的年龄是 31 岁。

**373.** 其实这个问题很简单,只要满足一点,就是儿子所得是母亲的 2 倍,母亲所得是女儿的 2 倍即可满足这个人的遗嘱。

列个方程就可以很方便地解出这个问题了。首先,设女儿所得为 $x$,则妈妈所得为 $2x$,儿子所得为 $4x$。

所以分配方法为：将所有财产平均分为 7 份，儿子得 4 份，母亲得 2 份，女儿得 1 份。

**374.** 温莎公爵也和客人们一样，端起洗手水自然而得体地喝了起来。

**375.** 阿凡提说："把你骗下轿子有点难，不过我可以很轻松地把你从地上骗到轿子上，你信不信？"国王当然不相信了，于是就走下轿来，等着阿凡提来骗。就这样，国王输了。

**376.** 小刘是小赵的妈妈，小刘把自己妈妈给的 3000 元中的 1500 元给了小赵，所以总数还是 3000 元。

**377.** 他拿走了两边的两颗，然后把最下面那颗重新镶到最上面，如下图所示。

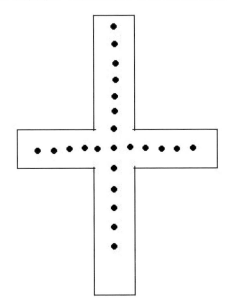

神父数的时候仍然是 13 颗。

**378.** 先把两个砝码都放在左边，在右边放上实验物品，等两边平衡时，取下砝码换成实验物品，再平衡时，左边的物品就是 600 克。

**379.** 如果你用一个很陡的角度拉线圈，会产生一个朝远离你的方向旋转的转矩；如果你用一个比较小的角度拉，会产生一个反方向的转矩使其向你运动。

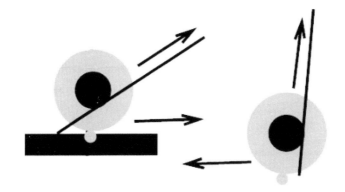

**380.** 没有人。拿到最大的牌的人肯定不会愿意和别人换牌。拿到次大牌的人，只能换最大牌才能比自己手中的牌大，但是他知道拿到最大牌的人不会和别人换牌，所以他自己也不会和其他人换牌以避免换到小牌。依此类推，以后的每个人都可以通过推理知道前面的人不会换牌，所以自己也不会换牌。即使拿到最小牌的人想换牌也没人肯换。因此，没有人能够换到比自己大的牌。

**381.** 如果哥哥赢了，游客可以从弟弟那里得到 200 元，却要给哥哥 100 元，最终获得 100 元。

如果弟弟赢了，游客只需要给弟弟 100 元，却可以从哥哥那里获得 200 元，还能得到 100 元。

因此，游客总是能得到 100 元的报酬，何乐而不为呢？

**382.** 当我把下面的绳子慢而稳地拉住，上面的绳子就要承受书的重量和下面绳子的拉力。于是这根绳子上的拉力就要比下面绳子的拉力大，它当然就会先断。

如果我猛地一拉，惯性就会起作用。一开始书还没有被这猛地一拉影响，所以拉力没有被传递到上面的绳子。于是下面的绳子受到了更大的力，就先断了。

**383.** 最优解如下。

第一轮：1、2、3、4、5

第二轮：2、3、4、5、6

第三轮：2、3、4、5、7

**384.** 仆人问其中任意一个丫鬟："请问，如果我问她(指着另一个丫鬟)哪个纸条写着'重罚'，她会怎么说？"丫鬟回答后，仆人只需选丫鬟指的那个即可。

**385.**

(1) 圆形的盖子不会突然掉进下水道，而正方形或其他多边形就有可能。

(2) 沉重的圆形盖子可以滚到目的地，而其他形状的就不行。

(3) 无论怎么盖，圆形盖子都能把洞盖严实，而正方形的只有把四角都对准位置才能盖下去。

**386.** 也许你还在进行烦琐的计算吧，而且算起来也颇费力。其实只有一种可能，那就是只有在三个指针都指向 12 的时候，三针才会完全重合。所以每天内只有两次完全重合。

**387.** 这是因为"父在母先亡"这句话有歧义，人们对它可以有不同的理解，或者说它可以表达不同的判断：①父亲尚在，母亲已经去世；②父亲先于母亲而亡，即母亲尚在，父亲已经去世。而且这两种解释不仅适用于现在，也适用于过去和将来。

如果求卜者的父母实际上都已去世，那么算命先生会说，我说的是过去的事；如果求卜者的父母都还健在，则算命先生会说，我说的是将来的事；如果求卜者当前父在母不在或者母在父不在，那么算命先生也会做出解释。总之，不管是什么情况，求卜者都会觉得算命先生的话是对的。

实际上，算命先生是通过故意玩弄歧义句的诡辩借以骗人。

**388.** 小王漫不经心地回答说："当然，但我现在没有在工作啊。"

**389.** 修表师傅不耐烦地说："你站着等到下午取，也是'立等可取'嘛！"

在日常用语中，"立等可取"表示时间快或时间短，它表达了这样一个众所周知的判断："你稍等一会儿即可取走。"而这位修表师傅却故意把它歪曲为"你只要一直站着等下去，就可以取走。"经过这样的歪曲，不仅等到下午，而且等到任何时间，只要能拿到手表，都是"立等可取"。

**390.** 欠债人说："昨天劳你坐门槛，甚是不安，今天早来，可先占把椅子。"

这时，那讨债人才发现欠债人毫无还债之意，意识到自己上了当。

"你明天早点来"这句话，其字面上的含义是清楚的。但是，由于欠债人故意制造了一个特殊的语言环境，即背着其他讨债人偷偷地对坐门槛者说这句话，这就引导对方产生误解：欠债人没有那么多的钱一下子还清所有的债，而是暗示要先还欠自己的债。果然，这个讨债者中了诡计。

**391.** 玩剪刀石头布的时候。"布"是伸出 5 个手指，"剪刀"伸出 2 个手指，"石头"不伸出手指。

**392.** 他可以回到出发点，一共走了 24 米。

**393.** 虽然每次硬币落下后正面朝上和反面朝上的概率相等，但先掷者肯定有优势，无论最后要掷多少次。每轮先掷者获胜的概率是 $1/2+(1/2)/3+(1/2)/5+(1/2)/7+\cdots$ 这是一个无穷级数，其和为 $2/3$。因此，先掷者获胜的概率几乎是后掷者的两倍。如果你对此表示怀疑，可以进行一系列比赛，然后看看谁获胜的次数多。

**394.** 也许你会有点惊讶：因为还是深色的那一面朝上。这是这个几何图像看来很有说服力的原因，虽然它不可能在实际中制造出来。

**395.** 画法如下图所示。

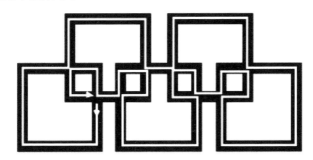

当然，因为这个一笔画肯定是一个闭合的曲线，所以起点位置在哪里都没有影响。也可以有其他画法。

**396.** 无论纸张厚薄，要对折八九次几乎不可能。举例来说，若纸的厚度为 0.1 毫米，对折 9 次后其厚度将达到惊人的 5.12 厘米。

每对折 1 次，一叠中的页数就会翻一倍。对折 1 次就成了 2 页，2 次就是 4 页，9 次就会有 512 页——相当于一本小电话簿了。一叠纸太厚就很难再对折了。

**397.** 子弹飞行时的下落距离(其轨迹竖直方向上的分量)与猴子的下落距离是完全相同的。所以无论子弹的速度如何，它都将击中猴子。

**398.** 这种说法是错误的，炮弹落到任何地方的概率都是相同的，新落炮弹的概率并不受先落炮弹的影响。

**399.** 说得不对。加热后孔将变大。

这是因为，孔外面的金属可以看成是由一个条形的材料弯成的圈。加热的时候，金属条伸长，所以原来的孔变大了。轮子加热后套入轴，就是利用这个道理。同样，瓶盖太紧拧不开的时候，把它放在热水里加热就能拧开。

**400.** 遗憾的是，当 4 号机器人到达下一个拐角处时，1 号机器人并不在那里。

**401.** 标准时间是 12 点 40 分。

**402.** 大女儿的爱用 $A$ 表示，二女儿的爱用 $B$ 表示，就有 $A=100B$，$B=1000A$，只能是 $A=B=0$。

**403.** 试一试，让三个筷子互相利用，翘起来搭成一座如右图所示的桥，就可以把三个碗子连起来了。

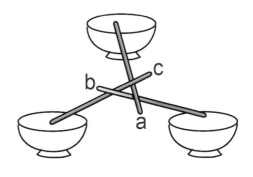

a 筷在 c 筷下，压着 b 筷；

b 筷在 a 筷下，压着 c 筷；

c 筷在 b 筷下，压着 a 筷。

**404.** 当然，来餐厅的顾客大部分都更希望在厨房更干净而不是洗手间更干净的地方用餐。但是，餐厅的雇主更在意的却是洗手间的清洁。麦当劳公司非常清楚地知道，顾客能看到的只有厕所和餐厅这些地方，不可能到后厨看看是否干净。

麦当劳想通过保持这些地方的干净，传达给顾客一个信号：既然我们愿意花费这么多的精力和时间来打扫厕所，那我们肯定更愿意保持后厨的卫生，所以顾客来我们这里吃饭是可以放心的。

**405.** 狗熊说："我劝你还是忍了吧，我有的是力气。"

小孩说："我光听说狗熊傻，可没听说狗熊有力气。"

狗熊火了，指着一个磨盘石说："等我把这块石头扔到山下去，你就知道我是不是有力气了。"

狗熊背起了磨盘石，故意在草地上走了一圈儿，顺着陡坡把石头扔下山去。磨盘石发出隆隆的巨响。狗熊得意地哼了一声。

小孩说："背石头不算力气大，能拔下一棵树才算力气大。"

"那你就等着瞧吧！"

狗熊说着，吭哧吭哧拔起树来。费了九牛二虎之力，终于把一棵松树给拔起来了。

小孩说："你能把松树拖到东边的湖里去吗？如果你能把树扔到湖里，让它像船一样漂起来，我就服你了。"

狗熊真的把大树拖到湖里了。可是，它已经累得筋疲力尽了，站进湖里以后，本想爬到岸上来，却"扑通"一声落到水里去了。小孩趁机跳过去，揪住狗熊的耳朵，把它的脑袋摁到湖里，灌了它一肚子水。

狗熊告饶了，答应了小孩的要求，给小孩赔偿：自己当一头牛，学会拉犁，帮助那个小孩种地。

**406.**

(1) 只要在船上加些石块，使船下沉几厘米，船就可以从桥下安全通过了。

(2) 将汽车轮胎放掉一点气即可。

**407.** 两面相同的概率是 1/3。三个硬币中取两枚放桌上，一共有 12 种可能情况，朝上的面相同的情况有 4 种。如果你不相信的话，可以取几次硬币试试看，每次把结果记下来。

**408.** 32 个洞。大家可以亲自动手试一下。

**409.** 不能。无论他有没有想出提问方式，这次都不能问了，因为他的钱只够付两问的问题，而且他已经问过两个问题了。

**410.** 11 枚，必须摆满才能上下左右都对称。

**411.** 如下图所示即可。

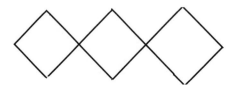

**412.** 如下图所示，把三个角的球分别移到圆圈的位置就可以了。

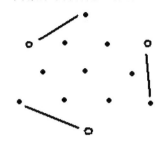

**413.** 可以叫她反过来想：雨天，小儿子的伞生意做得红火；晴天，大儿子染的布很快就能晒干。逆向思维就会使这位老母亲眉开眼笑。

**414.** 流行的答案是这杆旗插在了北极点上。因为在北极点上，所有方向都是南。因此，如果旗是在北极点上，探险家在它南边 100 米往东走了 100 米，旗还是在他的正北方向。

但其实这并不是唯一的解，这道题的解是无穷多的。例如，在很靠近南极点的某个地方，穿过这个地方的纬线周长恰好是 100 米，探险家把旗帜插在这条纬线北边的 100 米处。这样探险家从旗帜出发往南走 100 米到达这根纬线，沿着纬线往东走 100 米，就正好是绕着南极点转了一圈回到起点。同理，纬线的周长也可以是 50 米或者 25 米等，这样探险家就是绕着南极点转了两圈、三圈……

**415.** 这两个问题都不止一个答案，砍掉的角的位置不同，剩下的角的个数也不同。大家可以亲自试一下。

**416.** 1 分钟：让两个沙漏同时开始漏沙子，当 3 分钟那个漏完后，开始计时，到 4 分钟那个漏完，就是 1 分钟了。

2 分钟：让两个计时器同时开始漏沙子。当 3 分钟那个漏完后，立即把它颠倒过来；4 分钟的那个漏完后，再次把 3 分钟的那个颠倒回来。这时 3 分钟的那个里正好漏下 1 分钟的沙子，3 分钟那个沙漏里还有 2 分钟的沙子。

5 分钟：让两个计时器同时开始漏沙子。当 3 分钟那个漏完后，立即把它颠倒过来；4 分钟的那个漏完后，再次把 3 分钟的那个颠倒回来。这时 3 分钟的那个里正好漏下 1 分钟的沙子，还剩下 2 分钟。等这个沙漏里的沙子漏完后，就正好是 5 分钟了。

6 分钟：你还在想怎么用两个沙漏来测定 6 分钟吗？只要用 3 分钟测两次就行了。

**417.** 两个相连的月份都是 31 天的除了 7 月和 8 月，还有 12 月和 1 月呢！

**418.** 为了解决这个问题，小于决定这样做：在等着锅和油烧热的 2 分钟里，同时拌生姜、酱油、酒等调料，这样一共就只需要 19 分钟了，比原来节省了 2 分钟。

这就是"统筹"，把不影响前后顺序的、可以同时做的步骤一起做了，把大的事情放在空闲比较多的时间段，把小事情放在空闲比较少的时间段，在完成一件事情的同时，还可以做另外一件事。这样就能把整个时间充分地利用起来。

**419**. 4毫米。古书是从后向前翻的，所以只有第一卷书的封皮和第二卷书的封底。

**420**. 第一天白天，长颈鹿吃3厘米，晚上树叶再长2厘米，所以第一天树叶最短为7厘米；第二天再吃3厘米，晚上长2厘米，所以第二天树叶最短为6厘米。依此类推，第八天白天时，长颈鹿会吃光所有的树叶，树叶吃完后就不能再长了，再长就是新的树叶了。

**421**. 爷爷一共有7个孩子。4个儿子，3个女儿。因为每个小孩在说自己的叔叔、姑姑、舅舅、小姨时都会把自己的父母除去不算。

**422**. 纪晓岚一天只给何庆芳读3个字。和珅说："你这样的话，他老死狱中，你这书也读不完。"纪晓岚说："皇上允许我在读完这册书之前不能杀死何庆芳，并没有讲什么时候读完。"

**423**. 他把鸡蛋的一头在桌上轻轻一敲，敲破了一点儿壳，鸡蛋就稳稳地直立在桌子上了。

**424**. 把10个箱子分别编号1~10，第1箱取1个，第2箱取2个……第10箱取10个，放在秤上一起称。本来应该是55×500克，当混入每个400克的桃子时，总重量会减少。减少几百克，就说明有几个400克的桃子，也就知道几号箱子里是400克的桃子了。

**425**. 前3个条件排除了120种可能的排列中的118种。最后一个条件在剩下的两种可能中确定了一种。

**426**. 当你仔细观察之后，你会发现，两个假设是相对的，也就是说今天是星期天。这个孩子竟然在星期天去上学，确实是"小糊涂"。

**427**. 在这笔糊涂账中，关键在于第一次的一元钱已经"变"成了面条，不能再算了。吝啬鬼还应该再付一元钱。

**428**. "麻婆豆腐我没吃，给退了，付什么钱呢？"这句话错了。因为猴子用麻婆豆腐换了蘑菇炖面，而不是退了。

**429**. 按照上面的洗牌规则，假设原来排在第$x$张的牌经过一次洗牌后会排在第$y$张，由题意可知：

当$1 \leq x \leq 26$时，$y=2x-1$；

当$27 \leq x \leq 52$时，$y=2x-52$。

跟踪每一张牌在各次洗牌后的位置，我们可以发现每次洗牌后都会出现以下几个不变的规律：

(1) 原来编号为 1 和 52 的两张牌的位置是一直不变的，1 号在最下面，52 号在最上面；

(2) 原来的第 18 号、第 35 号两张牌的位置是不停互换的，即洗一次会让 35 号在前面，洗 2 次则 18 号在前面，也就是说，如果洗的次数是偶数次，那么编号为 18 的牌仍然在第 18 位，编号为 35 的牌仍然在第 35 位；

(3) 其余的 48 张牌以 8 张为一组，各自在组内以 8 次洗牌为一个循环。

所以，这副牌在洗 8 次牌后就会回到初始状态。

大家可以拿出一副扑克牌自己试一下，如果没有那么好的洗牌技术，则可以从两叠牌中一张一张按顺序取牌，也可以达到洗牌的效果。

**430**. 倒着看时仍然是数字的数字只有 0、1、6、8、9。很容易就可以推出，他运动服上的号码是 1896。

**431**. 2178。

**432**. 两个数字对调的差总是 9 或者 9 的倍数。由此知道：甲的分数是 54，乙为 45，丙是 4.5。

**433**. 这是可能的，数学中的海尔定理保证了这种抽法必然存在。

**434**. 一共有 8 个小朋友，64 颗枣。为什么呢？仔细想想，提示：从最后一个小朋友往前算。

**435**. 有三种可能：鸡、鸭、鹅的个数分别为 3、2、1 只，或 6、4、2 只，或 9、6、3 只。

**436**. 发了 41 辆车。从上午 8 点到下午 6 点共 10 个小时，如果每 15 分钟发一辆的话，共可以发 40 辆，又因为 8 点整发出 1 辆公交车，下午 6 点整也发出 1 辆，所以共发了 41 辆公交车。

**437**. 一个男孩一个女孩有两种情况：兄妹或者姐弟，所以生两个男孩的概率是 1/4。

**438**. 30 分。6 与 3 都是 3 的倍数，不管答对几道题，最后的得分都应是 3 的倍数，只有 30 分符合这个条件。

**439**. 如下图所示。　　　　　**440**. 如下图所示。

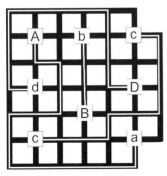　　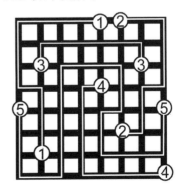

**441.** 如下图所示。

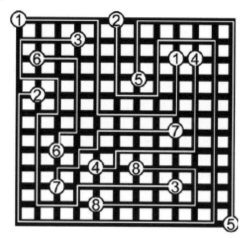

**442.** 要明白"15 点"游戏的道理,其诀窍在于看出它在数学上是等价于"井"字游戏的!使人感到惊奇的是,该等价关系是在著名的 3×3 魔方(九宫格)的基础上建立的,而 3×3 魔方在中国古代就已发现。要了解这种魔方的妙处,先列出其和均等于 15 的所有 3 个数字的组合(不能使两个数字相同,不能有零)。这样的组合只有 8 组:

1+5+9=15
1+6+8=15
2+4+9=15
2+5+8=15
2+6+7=15
3+4+8=15
3+5+7=15
4+5+6=15

现在我们仔细观察一下下面这个独特的 3×3 魔方:

| 2 | 9 | 4 |
|---|---|---|
| 7 | 5 | 3 |
| 6 | 1 | 8 |

应当注意的是,这里有 8 组元素,8 组都在 8 条直线上:三行、三列、两条主对角线。每条直线等同于 8 组三个数字(它们加起来是 15)中的一组。因此,在游戏中每组获胜的 3 个数字,都由某一行、某一列或某条对角线在方阵上代表着。

很明显,每一次游戏与在方阵上玩"井"字游戏是一样的。庄家在一张卡片上画上这个魔方图,把它放在游戏台下面,只有他能看到。在进行"15 点"游戏时,庄家暗自在玩卡片上相应的"井"字游戏。玩这种游戏是绝不会输的，假如双方都正确无误地进行，最后就会出现和局。然而，被拉进游戏的人总是处于不利的地位，因为他们没有掌握"井"字游戏的秘诀。因此，庄家很容易设置埋伏，让自己轻松获胜。

**443**. 首先，可以肯定，5 张牌里至少有 2 张是相同的花色，而 3 张牌用不同的大小顺序能表示的有 6 个信息。比如，3 张牌可以用"大""中""小"表示，如果顺序是"小中大"表示 1，"小大中"表示 2，"中小大"表示 3……"大中小"表示 6。因此，可以根据以上的情况制订如下方案：

(1) 助手选择 2 张相同花色的牌。

(2) 这两张牌点数之差如果小于等于 6，则把较大的那张扣下；如果大于 6，则扣下较小的那张。余下的这张牌用来表示花色。

(3) 剩余的 3 张牌因为点数和花色大小不同，可以用"大""中""小"的不同顺序表示点数差(1~6)。如果扣下的那张是较小的牌，则将较小的牌点数+13 然后计算点数差。

(4) 将表示花色的牌放在事先商定好的位置(可以不是第一位或者最后一位，增加魔术的神秘度)。

(5) 至此，魔术师可以根据 4 张牌的顺序和点数大小，判断出扣下的那张牌的点数和花色。

**444**. 儿子答："为什么说太阳离我近呢？因为我抬头能望见太阳，却望不见长安呢！"

群臣听了，都趋炎附势地夸他说得有道理。

**445**. 庄子反问道："子非我，安知我不知鱼之乐？"

惠施和庄子关于是否知道游鱼快乐的问答都带有诡辩的性质。首先，作为正确的提问，惠施应对庄子说："你怎么知道鱼快乐呢？"而惠施却加上了一个前提："你不是鱼，怎么能知道鱼快乐呢？"这就构成了一个省略推理，省略的大前提是：凡鱼以外的事物，都不能知道鱼的快乐。

其次，作为正确的回答，庄子应当说明自己为什么知道鱼快乐的理由。庄子避开了正面回答，而是抓住了惠施的"子非鱼，安知鱼之乐"这句话反问道："你不是我，怎么知道我不知道鱼的快乐呢？"这个反问也构成了一个省略推理，省略的大前提是：凡不是我的人，都不能知道我知道鱼的快乐。

**446**. 小伙子说："我是学习雷锋的钉子精神，钉子精神就是要有挤劲和钻劲。"

**447**. 对于这种浅薄无聊的恶语中伤，赫胥黎立即站起来答辩。

他庄严地宣称：达尔文的学说是对自然史现象的一个解释，他的书里充满了证明这个学说的大量事实，没有别的学说提供更好的对物种起源的解释。最后，为了科学的尊严，他对威尔伯福斯的人身攻击进行了必要的回击：我断言，我重复断言，要说我起源于弯着腰走路和智力不发达的动物，我并不觉得羞耻；相反，要说我起源于那些自负很有才华，社会地位很高，却胡乱干涉自己所茫然无知的事物，任意抹杀真理的人，那才真正可耻！

赫胥黎的讲话有力地驳斥了主教的胡说八道，博得了听众的热烈掌声，而自负很有"辩才"的威尔伯福斯却已哑口无言。

**448**. 一个缺乏逻辑知识的人恐怕不容易搞清楚，甚至会认为小刘的话说错了，小王的反驳是对的。但是如果我们掌握了有关的逻辑知识，这个问题并不难解决。

形式逻辑关于模态判断之间真假关系的知识告诉我们，"这件事可能是小李干的"与"这件事确实不是小李干的"，二者之间是个反对关系：不能同假可以同真，即当后者真时，前者真假不定，因而不能用后者去否定前者。

也就是说，虽然事实已经证明"这件事不是小李干的"，但它还不能证明"小李不可能干这件事"。既然"这件事不可能是小李干的"的真实性尚未得到证明，就不能用它作为论据去否定"这件事可能是小李干的"。可见，小王对小刘的反驳，其诡辩性质是犯了"预期理由"的错误。

**449**. 每个桌子上装3条腿，正好够做成四张桌子。

**450**. 我们可以想象在周一早上8点，小和尚下山时，有另一个小和尚同时从山脚下开始往山上走。这样，不管两个人的速度如何，总会在山脚到山顶中间的某个位置相遇。当他们相遇时，他们的时间、地点肯定是相同的。也就是说，他们两个在同一时间到达了山路上的同一点。我们可以把第二个小和尚想象成题目中的那个小和尚，也就可以解答他的疑问了。

**451**. 方法一：

两坏人过，一坏人回；

两坏人过，一坏人回；

两好人过，一坏人一好人回；

两好人过，一坏人回；

然后剩下的就都是坏人了，可以随便过了。

方法二：

一坏人一好人过，好人回；

两坏人过，一坏人回；

两好人过，一坏人一好人回；

两好人过，一坏人回；

然后剩下的就都是坏人了，可以随便过了。

**452**. 走第三条路。

如果第一个路口写的是真话，那么它就是出口，第二个路口上的话也是正确的，这和只有一句话是真话相矛盾。

如果第一个路口写的是假话,第二个路口写的是真话,那么它们都不是通往出口的路,所以真正的路就是第三条。

**453.** 16 辆,因为一共有 17 辆车,除了他自己之外,他一路上会遇到其他的 16 辆车。

**454.** 这就是求三个数 3、5、6 的最小公倍数,为 30。因此,所以至少需要 30 天,三人才能再次进行家庭活动。

**455.** 不一样。虽然都有 3 组搭配,不过,掷出 7 的时候 1~6 都能用,而掷出 8 时 1 不能用,只有 2~6 可选,因此,两个概率是不相同的。你可以算算每个具体概率是多少。

**456.** 在五个袋子中出现两个错误的方式有 10 种,但是出现一个错误的情况是不可能的。

**457.** 作家第一次赚了 9000 元,第二次赚了 2000 元。第三次与他无关,所以作家一共赚了 11000 元。

**458.** 小孩的年龄是 8 岁。

**459.** 当它们相遇的时候,兔子跑了全程的 1/6,而兔子跑的这段时间内,乌龟跑了 17/24。也就是说,乌龟的速度是兔子速度的 17/4 倍。兔子还有 5/6 圈的路程要跑,而乌龟只有 1/6 圈,所以兔子的速度就必须至少是乌龟的 5 倍,也就是它自己原来速度的 85/4 倍才行。

**460.** 26% 的利润。设手机的本钱为 1,那么卖给客户时的交易价格是 1.3,回收的价格是 1.3×0.8=1.04。

小王先后的总支出是手机三个月的使用,总收入是 1.3-1.04=0.26。

**461.** 一共有 24 人参加游戏。因为每个人都与两个性别相同的人相邻,而参加游戏的孩子又有男有女,也就是说,他们一定是男孩和女孩交叉排列的。有 12 个女孩就一定还有 12 个男孩,所以一共是 24 个孩子。

**462.** 甲的情况是可能的。6 次射击都中靶,而总分又只有 8 分,不可能有一次得 5 分以上,最多只有一次得 3 分。这样其余 5 次各得 1 分,即 8=1+1+1+1+1+3,而且这是唯一的答案。

乙的情况是不可能的。因为 6 次射击都中靶,每次最多得 9 分,9×6=54(分),比 56 分小。

丙的情况是可能的,并且有好几种可能性,即答案不是唯一的。总分是 28 分的一共有 16 种情况。

丁的情况是不可能的。因为中靶的分数都是奇数,6 个奇数的和一定是偶数,而 27 是奇数。

**463.** 第一个人会赢,他点数大的次数约占全部的 55%,如下表所示。
(表中,L 表示第二个人输,W 表示第二个人赢。)

|   | 2 | 4 | 5 |
|---|---|---|---|
| 1 | L | L | L |
| 3 | W | L | L |
| 6 | W | W | W |

也就是说,如果赌 9 次,那么第一个人会赢 5 次,第二个人只会赢 4 次。所以总体下来,第一个人会赢。

**464.** 百灵鸟。分别假设每种动物,然后推理是否有矛盾即可。

**465.** C 城的路标是正确的,B 城的路标是完全错误的。

唯一的一个相符的说法是从 A 到 C 和从 C 到 A 都是 70 里,这说明 AC 之间的距离是 70 里,而且 A、C 中一个是全对的,一个是对一半的,B 是全错的。

现在假设 A 是全对的,那么 A 到 B 的距离是 40 里,A 到 C 的距离是 70 里,则 B 到 C 的距离应该是 40 里,那样 C 也是全对的了,与题目的叙述矛盾。

所以只有 C 是完全正确的,从而得出结论。

**466.** 甲选修了数学、语文、化学、历史;乙选修了语文、物理、英语、化学;丙选修了数学、物理、英语、历史

**467.** 可能。因为昨天是除夕夜,也是他 18 岁的生日,所以他确实能在今年到 19 岁。

**468.** 最少一个。因为这些人可能是同一个人。

**469.** 法官要求得到这笔钱的人每人按相同的数目给吝啬鬼寄一张汇票,把钱还给他。当然,这张汇票肯定不会有人来兑现,那么得到钱的人就可以随意处置这些钱了。

**470.** 因为带有单位的数字不能简单地进行乘法运算。

**471.** 蠕虫可以爬行 22 厘米,如下图粗线所示。

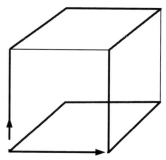

**答案**

**472**. 只需数一下最上面一层,然后乘以层数即可。14×6=64(块)。

**473**. 从 2 开始计算的,9 个自然数分别是 2,3,4,5,6,7,8,9,10。

**474**. 魔术师只要将所得的数字减去 365,前四位就是你的出生月日,后两位就是你的年龄。其实真正的公式是(4 位的出生月日)×100+(2 位的年龄)。所以说,你已经把答案告诉人家了,怪不得他会知道!

**475**. 船可以救人 4 次,第一次救 5 人,因为需要有人划船,所以第二次、第三次和第四次,每次只能救 4 人,一共 5+4+4+4=17(人)。

**476**. 是在原价格的基础上打八折。

**477**. 请两个。

三人同时上路,每人携带 4 份粮食。第一天吃掉 3 份粮食,搬运工甲带着自己路上需要的 1 份粮食返回,搬运工乙随着这个人继续前行。第二天,两人吃掉 2 份粮食,搬运工乙带着自己回去路上所需的 2 份粮食返回,这个人继续前行。剩下的四天,这个人吃剩下的四份粮食,即可顺利穿越沙漠。

**478**. 第一个问题是:你想的这个数字是大于 512 吗?

根据对方的回答,每次排除掉一半数字,不超过 10 次,一定可以确定到底是哪个数字。

**479**. 有人说,因为路程甲是 4 千米,乙是 8 千米,那么甲付 8 元,乙付 16 元。其实这种方法并不公平。最公平的做法是,将全程分成两部分,第一部分的价格是 12 元,第二部分价格也是 12 元,而第一部分有两个人乘坐,所以费用平分,每人 6 元;第二部分乙一个人乘坐,单独承担费用。因此,甲需要付 6 元,乙要付 18 元,这样才最公平。

**480**. 因为如果真如他所说,每人最少给了 1 个一元硬币,而且每个人得到的又不相同,那至少应该有 1+2+3+4+5+6+7+8+9+10=55(个)硬币,不可能是他说的 50 个。

**481**. 钟摆摆到最高点的时候处于静止状态,如果这个时候断了,它会垂直向下落。

**482**. 小孩把木板放在河边,伸出很小的一部分,自己站在木板的另一边,然后大人把木板搭在小孩的木板上,就可以安全过河了。然后大人踩在木板上,让小孩过河即可。

**483**. 把三把锁一个套一个锁在一起形成一个长链,然后锁在船的铁链上,这样每个人都可以自由地打开和锁上这艘船了。

**484**. 因为这个孩子想别人之所以笑是因为他们看到了鬼脸,而自己看到另外两个人都有鬼脸。同样地,他们两个也都会看到两个鬼脸。因为如果自己没有鬼脸的话,另外两个人在看他和看别人的时候会有所区别。这就说明自己也有鬼脸,所以他就去洗脸了。

**485**. 顺序为 2、4、1、3。

首先和为5只有两个可能，1+4或者2+3。还需要满足第二个条件，那么就只有1和4符合要求了。这样就可以确定出来四个数字的位置了。

**486.** 因为严格地说，建房子是系统工程，而且还有个先后顺序，不能简单地用乘法计算。否则按照这个算法，1000个人不到15分钟就能建好一间房子。这是不可能的。

**487.** 倒着计算即可：$(5\times2+1)\times2+1=23$

所以小明一开始有23个苹果。

**488.** 两个人说得都对。妻子是按质量计算的，王老师是按体积计算的。

**489.** 不管猴子怎样爬，爬得快也好，爬得慢也好，甚至是跳跃，猴子和砝码总是保持着同样的高度。猴子不可能高于砝码也不可能低于砝码，甚至当它放开绳子，掉下来，再抓住绳子的时候也是如此。

**490.** 是酒桌。

**491.** 纪晓岚的下联为：水上一鸥游。

**492.** 苏东坡的意思是："狗啃河上(和尚)骨。"而佛印对的是："水流东坡诗(尸)。"

**493.** 它们分别是猪耳朵、猪肚、猪舌头、猪尾巴。

**494.** 三个媳妇都住十五天，因为三乘以五是十五，七加八也是十五。带的礼物分别是核桃、灯笼和鱼。

**495.** 四句诗分别是：两个黄鹂鸣翠柳，一行白鹭上青天，窗含西岭千秋雪，门泊东吴万里船。

**496.** 他的下一站去上海。

**497.** 第一个地方是太原，第二个地方是旅顺。

**498.** 有水便是清，无水也是青；去掉清边水，添心便是情。不看君面看壶面，不看人情看酒情。

**499.** 谜底是"鲜"字。

**500.** 小刚在听英语录音练习口语。